はじまりは赤ちゃんから

小西行郎
同志社大学赤ちゃん学研究センター教授

「ちょい待ち育児」のススメ

赤ちゃんとママ社

はじめに

赤ちゃんはかわいい。でもかよわくて頼りなく見える。そんな赤ちゃんに大人はつい先回りして、手を出そうとしがちです。でもそのまえに、まずは赤ちゃんのようすを見てみてください。「なんでこうなってるんだろう？　どうしてこういうことをするんだろう？」と感じることがたくさんあると思います。そういうことにも実は、それなりに理屈があるんです。発達には理由があるんですね。けっこうおもしろいんですよ。

＊

赤ちゃんはある時期になると、おっぱいを飲むときに「ムラ飲み」をします。それまでは飲んでいたのに、なぜか飲まなくなるわけですから、親やまわりの大人にとっては心配な、困ったこと。いいイメージではありませんね。そのころには「ムラ飲み」で悩むお母さんからの相談がかなりふえます。

ですが逆に、赤ちゃんの立場から考えてみると、その意味はがらりと違ってきます。これは「赤ちゃんが意思をもって自分で飲む量を決め、飲みたいだけ飲むようになってくる」という、発達のうえではとても大切な、むしろ喜ばしいことでもあるのです。どちらの立場に立ってその現象を見ていくかというのが、けっこう大事なことなのかなと思います。

ちょっと待って、まずは赤ちゃんをよく見て、その行動の理由を考えることのおもしろさを知ってほしい。その思いが、この本のタイトルである『「ちょい待ち育児」のススメ』となりました。

＊

「赤ちゃんの身になって」とか「赤ちゃんの考えにそって」などとよくいわれます。ともすると情緒的に語られがちなそれらを科学的に研究し、赤ちゃんをきちんと見ていきたいと設立されたのが『日本赤ちゃん学会』です。

おなかの中で、生まれるまで、そして生まれたあと、赤ちゃんの運動、認知、言語、社会性などがどのように発達していくのか、そのメカニズムを解明しようと、医療や心理、教育の分野だけでなく、脳科学、ロボット工学、物理学、霊長類学など、さまざまな異なる分野の研究者が協力して研究を進めています。

さらにこうした研究を支える技術もめざましく進み、超音波や3Dによって、それまではわからなかったおなかの中の赤ちゃんのようすから、実は赤ちゃんは生まれるまでに相当な準備をしていること、その準備のための力をちゃんともっていることがわかってきました。それは生まれたあと、おなかの外に出てからも続くのです。

今、赤ちゃん学の研究者たちは確信しています。赤ちゃんの行動にはすべて意味があると。赤ちゃんには成長に必要な力がすでに備わっていると。

＊

こうしていろいろと観察・研究を進めていくなかで、だんだんとわかってきた赤ちゃんに関する科学的な情報を、実際の育児や保育の現場にどう生かすのか、どう生かせるのか——。そういうことを僕は、いつも考えています。そして、赤ちゃんについての研究はいわば、人のはじまりを見ていく学問です。こうした研究が、将来的に「心の解明」につながっていく可能性があるとすると、学問的にも非常に興味深く、僕は日々、おもしろいなあとワクワクしています。

とはいえ、まだまだ赤ちゃんについては不思議なことだらけで、なぜそういうことをするのか、行動の原因がすべて解明されているわけではありません。でも、不思議だけど、よくわからないけど、赤ちゃんっておもしろいなあ…と思えれば、育児が少し楽になるし、赤ちゃんとのつきあいが楽しくなるのではないでしょうか。赤ちゃんについての正しい情報が圧倒的に少ないこともあり、研究によってわかってきたこと、そしてまだわかっていないことについても、どうにかしてお母さんたちに伝えたい！　と強く思っています。

＊

この本で、赤ちゃんのことを知っていただき、まずは目の前のこの子をじーっと見て、それから大人が動く「ちょい待ち育児」の大切さ、おもしろさを、少しでもお伝えできたらうれしいです。

２０１３年夏

小西行郎

Contents

Chapter 3

赤ちゃんが教えてくれる！ 育児編

みょこっ
みょこっ

Chapter 1

大忙し！おなかの中の赤ちゃん

胎児編

生まれる前から自分がわかる？

おなかの中で「指しゃぶり」。何のため？

赤ちゃんはお母さんの胎内、羊水の中で、約10ヵ月間を過ごします。羊水の中を簡単にイメージすると、私たちが水中で泳ぐ感覚と似ています。水中に手を浮かせてみると、肩の部分と手のひらの部分の抵抗は、圧力の差によって違うように感じます。手のひらのほうが、重く感じられるのではないでしょうか。胎児も同じように、羊水の中で自分の手足を認知し、自分のからだを十分わかっているのではないか、と考えられています。

胎児の運動は、大脳がほとんどできていない時期から、脊髄《せきずい》によって始まります。10週目くらいから唇と指先に触覚の機能が宿り、11週目くらいから、おなかの中で「指しゃぶり」を始めます。自分のからだにさわるという感覚は、人にさわったり物にさわったりする感覚とはまったく違いますよね。おなかの中にいるころ、赤ちゃんはすでに〝さわる感覚〟と〝さわられる感覚〟を、「指しゃぶり」をすることによって、同時に体験（ダブルタッチといいます）しているんです。

おなかの中で「指しゃぶり」。いったいなぜ「指しゃぶり」をするのでしょう。なんのためにさわるのでしょうか。おなかが減っているわけでもないし、胎内ですからお母さんに指しゃぶりを見せるためというわけでもありません。が、それなりの意味がなければ、やらないと考えたほうが自然ですよね。

おそらく、指をしゃぶることによって、「自分自身」を認識しているのではないかと考えられています。自分で自分のからだをさわることは、かなり重要な意味をもっているんです。私たちも、何かを見たり聞いたりしているときには、自分とその他のものとの境界をあまり意識しませんが、何かをさわるときには「さわっている」とはっきりわかりますよね。触覚はいちばん初めにできる感覚でもあり、胎児が触覚だけで生活する期間は胎内で過ごすうちのおよそ半分であるといわれるほど、実は、最も重要な感覚なのです。

生まれたあとにも、赤ちゃんは生後4ヵ月ほどで手と手をパンパンと合わせたり、生後5ヵ月

くらいで足をなめたりします。そういう行動によって手や足を認識しているのでしょうね。これはもちろん、赤ちゃんが胎内にいたころに、自分で自分のからだをさわっていたという事実とリンクしていると考えたほうが自然でしょう。

「自分がわかる」「他人がわかる」というのは、自己意識が芽生え始めたということにもなりますから、胎児にはすでに「自分」があると言ってもいいのかもしれませんね。

おなかの中はハードスケジュール！

母親と胎児は、あくまでも別々の存在です。外の世界で生きていくための準備は、胎児が母体の中でやらなければならない重要なことであり、頑張らなくてはならないのは胎児なのです。呼吸様運動をしたり、あくびをして肺を鍛えたり…。やらなくてはならないことがいっぱいで、実は胎児はとても忙しいんですね。

お母さんたちにも、「赤ちゃんはおなかの中で、自分できちんと考えながらこんなことをやっているのね！」という感覚をもってほしいですね。そうすれば、お母さんの気持ちも少し楽になるのではないでしょうか。きっと、不安も軽くなると思いますよ。

赤ちゃんの発達や発育についてこれまでいわれてきたことは、科学的に見ると解明できないものが少なくありません。お母さんたちを迷わせないために、そしてもっと赤ちゃんを知ってもらうためにも、今後は「胎児の研究」がさらに重要であると考えられています。

大切なのは「じゃましない」こと

育児で最も大切なことは、赤ちゃんとの双方向のコミュニケーションであり、適切なスキンシップです。スキンシップは、さわって、さわられて、のお互いさま。一方通行では成り立ちません。脳は能動的に動くからこそつくられます。刺激されるだけではつくられないんですね。自分がさわって相手が変化する。それによってはじめて「学習」となるのです。

お母さんは赤ちゃんを見守り、ときには待つこと。忘れてはいけないのは、とにかく赤ちゃんが主体！　なんです。言ってみれば「じゃましない育児」が大事なんですね。

おなかの中はコマメ（胎児）にとっての最初の宇宙。探索するぞ～ワクワク♪

生まれる日まで、準備運動は着々と

吸って吐いて、キョロキョロして

胎児には、早ければ妊娠10週ごろから、胸や腹壁を規則的に動かす呼吸のような運動が見られます。もちろん子宮の中には羊水がありますから、酸素と炭酸ガスを交換するような呼吸ではありませんが、さまざまな研究によって、この運動が呼吸中枢の発達と密接に関係していることがわかっています。つまりこれは、生まれたあとの呼吸のための「準備運動」だというのです。

呼吸中枢は胎児期には十分に発達していないため、胎児の呼吸様運動と成人の呼吸には、決定的な違いがあります。成人では、血液中の酸素濃度が下がると呼吸数がふえ、いわゆる「多呼吸」の状態になりますが、ヒツジの胎仔を用いた実験では、成人とは逆に呼吸数が減るという結果が出ています。このような違いがなぜ起こるのかはまだ十分に解明されてはいませんが、いずれにせよ、呼吸中枢や大脳皮質の発達などとも密接に関係しているといわれています。

呼吸様運動は、現れたあとに徐々に頻度を増加させ、妊娠32～35週にはピークになり、その後、減少するようです。一方、目の動きである眼球運動（主に眼球を急速に動かす急速眼球運動）の頻度は、増加の一途をたどります。2つの運動は、妊娠28～31週までは強い相関が認められ、いわゆる「レム睡眠」が呼吸様運動と眼球運動を同時に刺激することがわかっています。そして、相関が低くなる32週以降には「ノンレム睡眠」がこうした運動を抑制しはじめるといわれています。つまり、呼吸や眼球運動は、睡眠と非常に密接に関係しているのです。

しゃっくりとあくびもトレーニング!?

また、胎内での呼吸様運動が生まれたあとの呼吸の前段階運動とするならば、胎児期にはこれ以外にも、呼吸機能を高める「準備運動」が存在しています。それが「しゃっくり」と「あくび」です。横隔膜の痙攣様収縮であるしゃっくりは胎動のなかでは大きいほうで、「あ、今しゃっくりしたかも!?」と気づくお母さんも少なくありません。あくびは一説によると肺胞を広げる運動といわれており、これらの運動はいずれも、呼吸機能を鍛えるものとみなされています。

界面活性剤ってなあに？

また、胎児の肺胞を広げる運動をさらに効果的にするものに、「界面活性剤」があります。「界面」とは、混じらずに接している2つの物質の境目のこと。気体と液体、液体と固体、固体と気体（または同じものどうしでも）のように、2つの相が互いに接触している境界面のことを指します。「界面活性剤」は、その界面に働きかけ、2つの物質の性質を変えるものです。一般的には、洗剤や柔軟剤などの成分として耳にすることが多いと思いますが、たとえば、仲の悪い見本のようにいわれる「水と油」に、少しだけ界面活性剤を加えると混ざるようになったり、石けん水に風船をつけると内側に石けん水がぴたっとつき、風船がふくれやすくなって弱い力でもふくらませることができたりします。

肺胞の内面には界面活性剤のような役割をするものがくっついていて、それが広がることにより、肺胞が広がります。こうした運動が胎内で行われていない場合は、呼吸がうまくできないため、出産の際に帝王切開に切りかえる等の具体的な手立てを考える必要が出てきます。

また、低体重で生まれた場合、界面活性剤がうまく作用しないケースがあります。本来、から

だの中で作られる界面活性剤がなかなか作られない場合には、呼吸困難を起こし、死亡にいたるケースも多く見受けられました。その後、界面活性剤を作る研究が盛んになり、私が医者になった昭和55年ごろに、天然の界面活性剤にかわる人工の界面活性剤ができたのです。

これは劇的に低体重児の死亡率を下げました。

ムダな準備運動はありません

おなかの中でお母さんから酸素をもらっていた胎児は、生まれたとたん、自分自身の力で呼吸をしなければならなくなります。つまり、環境ががらっと変わるための準備として、呼吸様運動は胎児にとってメインの仕事なんです。

胎児はいろいろな運動を行いますが、ムダなものはほとんどありません。その時期に胎内でしなくてはならないことがいっぱいあるのです。それを理解しながら、お母さんたちは妊婦生活を送るといいかもしれませんね。

新しい宇宙に向けて、アスリートのように毎日毎日、鍛えてるんだよー。

顔の表情の準備も生まれる前から

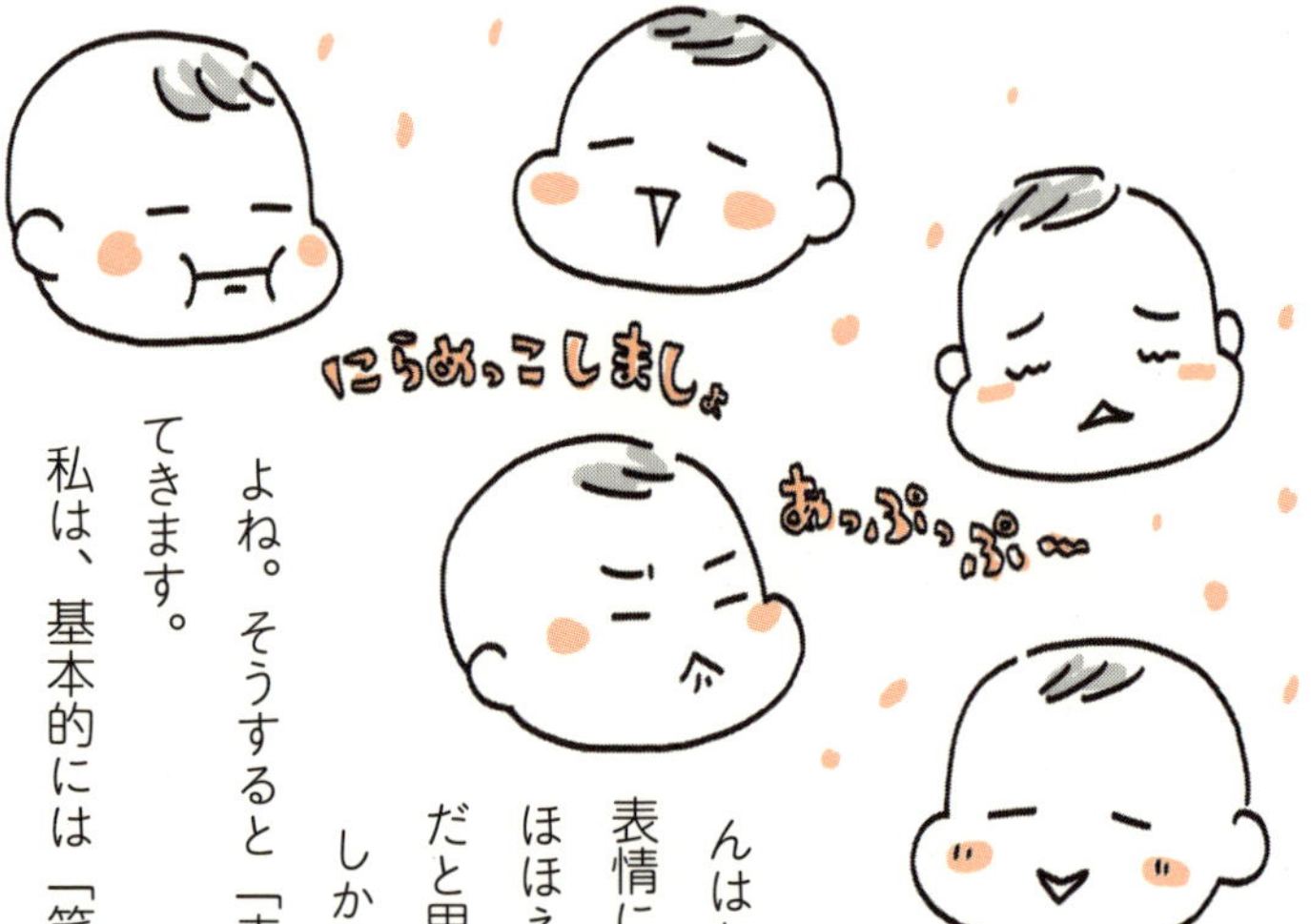

おなかの中で百面相!?

超音波で胎内のようすを見ることができるようになってから、いろいろなことがわかってきました。当初はよく「赤ちゃんはおなかの中で笑っている」といわれました。実は笑っているような表情に見えるだけなんですが、それはいわゆる「生理的な微笑」「天使のほほえみ」といわれるもので、だいたいみなさんが昔からご存じのことだと思います。

しかしよく考えると、おなかの中で笑っても、誰も見る人はいないですよね。そうすると「赤ちゃんは何のためにおなかの中で笑うのか?」という疑問がわいてきます。

私は、基本的には「笑うことを準備している」のではないかと思っています。オーストリアの動物行動学者であるローレンツの説と同様に、赤ちゃんがお母さんに育児をしてもらうために、愛情を呼び起こす手段としての表情を準備しているのではないかと考えています。

また、さらに最近では、赤ちゃんは胎内で笑った顔だけではなく、しかめ面や泣いたような顔など、百面相をしていることもわかってきました。考えてみればあたりまえで、生きているんですから顔は動きますよね。それでいろいろな表情に見えるのでしょうが、笑うだけでなく、しかめ面をしているとなると…。何のためなんでしょう。おもしろいですね。

生まれてすぐの赤ちゃんに、たとえばお母さんが舌を出したり笑ったりする表情を見せるとまねをしたり、またはそれに近い表情をしたりすることがあります。あれは「顔のことここを動かして」などと頭で考えているのではなく、お母さんの顔を見て、同じような表情を選び出しているといったほうが、説明がつくかもしれません。

胎内での、顔の表情やパターンを作る練習が、生まれてからの表情の模倣に行きつくのではないか。そう考えたほうがわかりやすいと思います。

表情の意味はあとからついてくる

最初のコミュニケーションといわれる「表情」ですが、「泣いたら悲しそう」とか、「笑っているから幸せそう」というのは大人の発想。赤ちゃんはまだ、「感情」と「表情」が結びつきません。

今では、感情があって表情ができるのではなく、表情が先にわかるのではないかといわれています。表情と感情は別々にあり、どこかの時点で一致していくのではないかという考え方です。

赤ちゃんがお母さんの「うれしい顔」がわかるようになるのは、生後2ヵ月くらいから。そのころから、お母さんが笑ったら笑い返す「ほほえみ返し」がありますよね。

でも、うれしい顔にもいろいろな種類や個人差があり、決まった「うれしい顔」というものはありません。これが「うれしい顔」だと分類できるようになるのは、4ヵ月から6ヵ月くらいといわれています。だとすると、2ヵ月ごろに返したほほえみの意味は、あとになってわかるということになります。表情が先にあり、意味はあとからついてくるということになるんです。

また、もうひとつおもしろいことに、生まれてすぐの赤ちゃんに味覚があることもわかってきています。酸っぱいものを食べると酸っぱい顔をしますし、甘いものならニコッと笑い、苦いものには苦い顔をします。うちの孫もそうでした(笑)。

生まれて初めて酸っぱいものを食べたときに、どうして酸っぱい顔ができるんでしょうか。それも、表情が先にあったと考えたほうが説明がつきます。酸っぱい顔も、あらかじめ酸っぱいものを食べるときのためにおなかの中で準備していたのかもしれませんね。いったいどうやってなのか、方法はわかりませんが…。

赤ちゃんの力にのった子育てを

どちらにしても、おなかの中の赤ちゃんの表情は、自然な状態では誰にも見ることができません。超音波で「笑う」「泣く」「しかめ面」（のような表情）は確認されていますし、もちろん無表情のときもありますが、それらもたまたま、超音波でその瞬間を見ることができただけのことで、それを見た大人が「楽しそう」とか「苦しいのかな」とか勝手に判断しているだけ。実のところはわかりません。

赤ちゃん自身がいろいろな力をもって生まれてきていることが明らかになってきています。表情さえも、誰からも教えられなくても自ら作り、お母さんたちをそれに引きこんで育児をさせているんです。

大人はあれこれ考えなくても、赤ちゃんの力にのるだけで育児ができるようになっているんです。そう考えると、育児が楽に思えてくるのではないでしょうか。

「いい顔」も「わるい顔」も「変顔」も練習中。あんまりのぞかないで～。

おなかの中で寝てる？　起きてる？

気の遠くなるような観察を経て…

実は、「寝ている」「起きている」と定義するのは、非常に難しいことなんです。僕ら大人も、目を閉じていても起きているときがありますよね。ましてや、おなかの中の赤ちゃんが寝ているのか起きているのかは、ずっとはっきりとはしていませんでした。胎児も寝ているということがわかったのは、超音波によって、胎児の眼球運動が見られるようになってからです。

「レム睡眠」「ノンレム睡眠」というのがありますね。目の運動、つまり眼球運動があるときがレム睡眠、ないときがノンレム睡眠というのですが、それをずっと観察しつづけたのが、九州大学の中野先生のグループです。この観察は聞くも涙、語るも涙の大変な作業でした。

みなさんは、おなかの中の赤ちゃんの眼球がどのくらいの大きさか、ご存じですか？　実はわずか直径1㎜くらいなのですが、観察は、その中の水晶体を見ていくのです。この、1㎜くらいのところの両端の2つの点が動くかどうか、超音波でじーっと観察するわけですね。観察をしていたのがだいぶ前のことで、20世紀の末くらいの研究でしたから、超音波の画像も今のような立体的な3Dではなく、平面的な2D。顔の横断面で見ていたわけです。

ちょっと考えてみてください。みなさんも妊娠中に健診で体験されたであろう超音波検査で、来る人来る人を何時間かずつ観察するわけです。何時間もおなかを出したままでいるお母さんも大変ですし、観察する医師も大変。少し動けば画像は消えてしまいますし、そうなると追いかけないといけません。また、調べているのは「睡眠」ですから、1~2分程度見たところでは、まったくようすがわからないのです。そういった状況のなかで数百人ものデータをとったという、それはそれは大変な研究でした。気の遠くなるような観察を経て、胎児が寝ているのか起きているのか、だいたいわかるようになったのです。

目の動きにほかの動きが連動して

この研究によると、在胎27~28週くらいから、胎児の目の運動に変化が見られるのだそうです。

眼球運動自体はそれまでにもポツポツと少しは見られますが、だんだんと、ワーッと目を動かす時期があり、今度はしばらく目を動かさない時期があるというような、固まった動きをするようになっていきます。その固まりがはっきりしてくるのが、34〜35週ころです。

それからいくつか、目の運動と同じような時期に重なってくる動きがあります。それが唇の動きと呼吸様運動、全身の運動です。34〜35週ころには、これらの運動は24時間のなかで順番もバラバラで、それぞれがいろいろなところで動きを見せます。それがだんだん同じ時期に重なってくるんですね。目が動き、呼吸が落ち着き、からだが動く。または、逆に全部が止まって安定してくるなど、動きのかたまりが出てくるのが、37〜38週くらい。そのくらいになると、レム睡眠とノンレム睡眠としてはっきりしてきます。

そう考えると、起きているか寝ているかは、とても重要なんです。赤ちゃんは目を開けているから起きている、という単純な話ではなく、目と唇と全身運動と呼吸様運動が連動して、からだを動かしているということになりますから。

大人も、寝ているときにはあまり動きませんし、呼吸も浅くなったり深くなったりします。そういう基礎がおなかの中で、生まれてくる直前にできてくるんです。生まれるのが40週だとすると、動きのかたまりが出てきてから2週間くらい、その状態を経て生まれてくるんですね。

生きるために最も重要な準備の時期

「寝ること」「呼吸をすること」「心臓の動き」などは、生命でいちばん大事なこと。生命維持に最も重要な指標です。呼吸中枢や眼球運動の中枢みたいなものは脳の延髄《えんずい》のところにあり、かなり場所的にも近いのですが、それらがお互いに強い関連をもって動きはじめるのがその時期であり、生まれるためには非常に重要な準備だと考えられています。

眠ることの意味としては、脳を休めるということもあれば、あったことをもう一度思い出して、そのなかからいるものといらないものを取捨選択するなど、いろいろなことが考えられますが、おなかの中の赤ちゃんに関してはおそらく、まだそういうことはないでしょうね。

眠っているときにほかの運動が関連しているということは、あまり知られていません。赤ちゃんについて、科学的な面から観察を重ね、こうした研究を行っていたグループがあるということをぜひ、知っていただけたらと思います。

先生たちの研究のおかげでコマメ（胎児）ライフがバレてきちゃってる！

赤ちゃんは学習する

ライオンは教えている!?

「学習」の定義は難しいですね。最近は、教えこむことが教育といわれることが多いですが、教育とは「学習」する環境をつくることで、基本的には、自らが学ぶことが「学習」だと思います。そうした「学習」の機会は日常にたくさんあり、必要なものをそのつど自分で切り取っていくので、僕は、教えこむ必要はないと思っています。

ほとんどの動物は、「教える」というより「まねをさせる」ことが多いんです。たとえばライオンがほかの動物を捕まえるところを見せるのは、大人のまねをさせるため。人間以外に教えこもうとするのは、鳥くらいではないかと言われています。鳥にもしゃべり方があるようで、くちばしをつけて、教えるようなようすが見受けられるという話もあります。

言葉というのは考えてみるとおせっかいなものですね。「学習」は自分で獲得をしていくもの、

自分で何かの行動を起こすことによってそれにともなう変化を学んでいくもの、というのが基本ではないでしょうか。だから赤ちゃんは、自分で自分をさわって、さわったものを認識していくということが最初にあるんでしょうね。

胎児がおなかの中で自分のからだをさわることは、ある意味で学習だと思いますが、視聴覚は「見える」「聞こえる」というように、受け身のことが多いですよね。そのなかで、自分で聞きたいものを聞く、見たいものを見ることによって、その対象に興味をもつようになるわけです。

馴化《じゅんか》・脱馴化《だつじゅんか》って？

おなかの中の赤ちゃんが妊娠30週くらいのときに、2種類の音を聞き分けることを判明させるには、「馴化・脱馴化」という方法を使います。新しい何かを提示すると興味をもって聞きますよね。ところが、ずっと同じことを繰り返していると慣れてしまって、聞かなくなります。それが「馴化」です。そんなときに、新たにちょっと違ったものに変えてあげると、え？という感じで、「脱馴化」が起こるといわれています。

たとえばおなかの外からトントン、という音を立てると、赤ちゃんは音が聞こえて動きますね。それを何秒間かおきに同じ音で続けていると、しだいに動かなくなってしまうんです。そのあとの段階で違う音を聞かせると、反応が出てきます。こうしたやり方でだいたい妊娠30週くらいから、音の聞き分けができていると判断されるんです。「ブー」というような単純な音ですが、それは赤ちゃんがじかに学習するというか、「反応が変化する」ことが観測できる最初のことになります。

覚えているかな？　ママの声

また、生まれる前からお母さんの声や言葉を覚えているらしいともいわれています。とはいえ、子宮の中で聞くのは水中での音ですから、外で聞く音とは当然違います。判断材料として考えられるのは、しゃべり方のイントネーションやリズムなどのいわゆる「抑揚」ではないかといわれています。生後すぐの赤ちゃんに、抑揚のある声とない声を聞かせると、抑揚のある声のほうに脳の反応が見られます。おなかの中で聞いていたお母さんの声やイントネーションは、生まれたあとで、「あ、聞いたことある！」と思うのではないでしょうか。

また、言葉としての英語と日本語の聞き分けになると、日本人の赤ちゃんは、英語の場合にはただ単に音として処理をしているようですが、日本語は、まだ意味がわかるとまではもちろんいいませんが、少しは言葉らしく考えているようです。脳の反応する場所が違うので、おそらくそうなんだろうといわれています。

そう考えると、おなかの中ですでに、すべて「聞いている」ということなんですね。それが「学習している」ことになるのではないかと思いますが、それは単純に区別がついているだけであって、それが将来的に「教育された」という話には結びつかないのではないかと思います。

親にとっての「発達」とは？

また、発達に対する思いこみもあります。たとえばものを握ったりつかんだりできるようになると親は喜びますが、「つかむこと」よりはるかに難しいのは、実はそのあとの「離すこと」。でもそれは、親にとってはあまりうれしくないんです。離せるようになれば、自分で思うように投げられるようになるのも近いということ。赤ちゃんがものを投げるようになると、いろいろと困るでしょう？　だからそれを発達とは思わない。そういう傾向があるんですね。

できることがふえると勝手にどこかへ行ったり、かんだりたたいたり言うことを聞かなくなったり、いろんなことをします。発達は必ずしも親にとっていいことばかりではありませんが、つかんでいたものを離せるようになったら、「離せるようになってよかったね！」と言ってあげてほしいと思います。

忘れないようにくり返すのも「学習」。どんどん投げるからひろってね〜！

赤ちゃんとママの関係は？

ひとつの心、ふたつのからだ

「ひとつの心、ふたつのからだ」という言葉があります。

古くは聖書やレオナルド・ダ・ヴィンチの時代から、よくいわれています。お母さんと胎児は一心同体である。気持ちのうえでもそう思いたいお母さんが少なくないこともわかります。

しかし最近、たとえば発達障害などがある子のお母さんが、赤ちゃんがおなかにいたときにした「夫とのけんか」や、「自分自身の不摂生」など、母親である自分の行動が子どもの障害の原因となっていると考えることが多いようです。が、お母さんのイライラや不安定な精神状態が、子どもにそのまま影響することはあまりありません。

胎児をめぐる環境というと、お母さんだけのように思われがちですが、けっしてそうではありません。母親以外との関係ももちろんありますし、赤ちゃんがお母さんの感情だけで動くわけで

も、お母さんの食べるものだけが影響するわけでもありません。今までお伝えしているとおり、赤ちゃん自身がおなかの中で、生まれてくるための準備をしているのですから、実は赤ちゃんは「忙しくてお母さんの気持ちになんかかまっていられないよ！」と、思っているかもしれませんね。

育児に科学的な知識を

たとえば、お母さんが大地震や火事などの災害にあい、大きなストレスを感じたときに胎児がよく動くことは、科学的なデータから明らかになっています。その半面、お母さんが幸せだから胎動が変わったという話は、実はあまり聞かれません。よほど危険な場合には胎児も察しますが、それは脳に影響が起こるというより、「今大変なことが起こっていますよ！」という、ある意味胎児までもが感じていることで、それが胎児の脳にどんな影響を与えるのかは、まだよくわかっていません。

「胎児はお母さんの付属物」といった発想は昔から根強く、特に日本人は、「子どもは親のもの」という考え方が強いといわれています。が、いうまでもなく、お母さんとおなかの中の赤ちゃんは別個の存在です。自分のものだと思うから、堕胎したり、虐待したり、ということにつながるのではないかと思います。現在、子どもの人権宣言において対象とされるのは生まれた子どもに

ついてで、胎児は対象外ですが、僕は、胎児も子どもだと思っています。

責任をもって子育てしなければいけないというプレッシャーのなかで、お母さんに育児をさせるなら、お母さんと子どもの関係や、赤ちゃんがもともともつ能力のようなものをきちんとお母さんたちに伝える必要があると思います。赤ちゃんの発達や育児について科学的な話をしてあげないと、うまくいかない原因はただの「愛情不足」ということになってしまいかねません。そこにやはり、大きな問題があるのではないでしょうか。

根本に本来あるべき「赤ちゃんを見る」という視点がなく、子どもは作るもので、なおかつ自分の分身みたいに考えているお母さんの場合、下手すると「じゃあまた作り直せばいいよね」となるんですね。子どもは親の持ち物であり、親が作ったんだから極端にいえば何をしてもいい。これでは、いつまでたっても虐待はなくなりません。

たぶん今、赤ちゃんにこうやったらおもしろいよ、赤ちゃんはこんな能力をもっているんだよ、じゃましなくていいんだよ、というような情報が、なさすぎるんだと思います。赤ちゃんを自分のものだと思っていると、わかっていることが前提となり、ある意味苦しくなります。赤ちゃんと自分は別々だという発想を早くからもっておかないと、すべてがお母さんの責任になってしまい、おそらく、育児不安が強くなります。最初からわからないという発想であれば、生まれたときに初めて出会った親子だよ、という意識になり、赤ちゃんのことを尊重するようになるでしょう。

赤ちゃんはあなたの持ち物ではありません

赤ちゃんも、こうしたら必ずこう返してくれるのがお母さん、ということをまず確かめようとしています。そういう意味では、お母さんも赤ちゃんを認識しなければなりません。制度やシステムの問題ではなく、意識というか、おそらく、基本的に子ども観が間違っているんですね。それが典型的に表れているのが「ひとつの心、ふたつのからだ」という言葉なんだと思います。

赤ちゃんだって自分で考えています。生きていくために、いろいろな努力をしています。あなたの持ち物ではありません。お父さん、お母さんにはぜひ、「ふたつの心、ふたつのからだ」ということを、明確に認識してほしいですね。

人生で最初の「はじめまして」。ドキドキしながら、なかよくしようね！

はじまりは赤ちゃんから　～豆キチの場合～①

はじめまして今度この本のイラストを担当いたしました
イラストレーターアベナオミです
そしてこちらは息子の
豆キチ（4歳）
赤カブ
野菜を育てるのがブーム
豆キチがおなかの中にいた4年前…
おえっ
おっえっ
なぜかダンナもつわりで吐いてました
大丈夫？
つわりらいわー
フラ
フラ
16週のときでした
今日の超音波エコーなんだけどさ～
？
今日3Dで見えるエコーが来たの!!
これで検査するのよ!!
いいよね!!
いいよね!!
キャッ
キャッ
はい…
わくわくしまくりの先生&ナースのみなさま
お～～～!!
すごい!!
本当に3Dだ!!
キャー
キャー
スゴイッ

そして見えた豆キチは…
もよ
もよ
まだ虫っぽい…
まさかのカメラ目線!?
先生…見られてますね…
こっちがのぞいてるのがバレたな
しーん
じーー
よーし次は8ヵ月の胎児だー、
なんかスイマセン!!
オーッ
オーッ
こっちみてる!!
つわりが終わり6ヵ月ごろは
ポン
エビが食べたい!!
エビ大嫌いなのに!!
仕事帰りにエビを大量に買って帰ったものの…
エビ
エビ
全部下ごしらえずみのブラックタイガー
生まれてこのかたエビ嫌いだったので
料理法がわからない!!
やくの? にるの?

ねーエビってどうやって食べるの？
塩焼きにしてたべました(笑)
エビが好きな人にきいた←
※ちなみに今はエビたべません
臨月になり産休に入った私
赤ちゃん生まれたらしばらく見れないもんね!!
と毎週末映画を見に行ってました
破水対策のバスタオル
おなかまで音きこえてるかな？
胎教？
1週目はハ●ーポッターシリーズ
あれ？全然うごかない？
つまらんか？
2週目は題名すら思いだせない静かなラブストーリー
3週目は…
ドドドド
ボーッバーッ
バーンドカーーン
ターミ●ーター4
だ、大丈夫!?
ううう…豆キチが子宮の内側で逃げまわってくるしい…
たぶん超コワイ思いをしたでしょう
ブル
ブル
この1週間後無事に生まれました
だだん だん だだん だだん だん

Chapter 2

生まれてからも大冒険！

新生児・乳児編

赤ちゃんの目の運動

生まれる前から目を動かす赤ちゃん

赤ちゃんはおなかの中で、24週くらいから目を動かしはじめます。はっきり動きが出てくるのは28週くらいからです。胎児の眼球運動は、レム睡眠とノンレム睡眠といった、睡眠と覚醒のリズムのようなものを見る方法として使われます。だいたい34週くらいから、固まって動くようになっていきます。それまでは動きがばらばらだったことから、それが、睡眠サイクルができたかどうかの見極めになるんですね。眼球運動がそのように固まりになってくると、実は全身運動や、ほかの呼吸様運動などといっしょに、統一されていきます。いわば、睡眠のリズムで運動が決まってくる、それらの基本

ねぇねぇ!!
おなかの外ってどんな世界かしら!!
お母さんがよく言う『お父さん』ってどんな生き物なんだろうね!!
わくわく
くすくす
双生児

のようなところが眼球運動である、ともいえるかもしれません。そういうわけで、生まれたばかりの赤ちゃんも、目を動かすことができるわけです。

見ること 見えること

おもしろいのは、「見る」ことと「見える」ことの違いです。赤ちゃんにモノが「見えている」ことは、お母さんたちはよく知っています。でも、赤ちゃんが自分から「見る」ことについて、何を指標にするかというと、目の動きなんですね。興味があるものや好きなものには、自分で目を動かします。これがいわゆる選好(preference)。選んで気になるものを見る、ということなんです。

「見える」というのと同時に、「(自分で選んで)見る」ということが、赤ちゃんが生まれたときにはもう、すでにあるわけです。たとえば、お父さんとお母さんが並んでいて、お母さんのほうを見るとしましょうか。そうすると、お母さんを「見てる」と思いますよね。「見る」ということが、目をどちらに向けるかという眼球運動でわかるわけです。目の動きは、しぐさとしては非常に大事なんですね。

それからもうひとつ。目を動かすと、それと連動してからだや首が動きます。赤ちゃんの場合おもしろいのは、顔が動くのといっしょに目が動くとき、目だけ残る場合があるんですね。

原始反射のなかに「人形の目反射」というのがあります。これは、赤ちゃんの顔を他動的に動かすと、目玉がゆっくりあとからついてくるというものです。顔の向きと目の動きはかなり関係しているんですが、最初は早さについていけないんですね。生後1ヵ月くらいになるとだんだん慣れてきて、いっしょに動くようになります。

お母さんがゆっくり顔を動かすと、生まれてすぐの赤ちゃんでもゆっくり動かします。だいたいお母さんのほうが下手なんですが(笑)、赤ちゃんがついてこられるようなスピードでやらないとだめですよ。成長してくると今度は逆に、顔は動かさずに目だけ動かすようになっていきます。

また、顔が動くと今度は、手が動くようになります。これも反射なのですが、顔を動かすと、顔が向いていたほうの手足を伸ばし、弓を引いているような格好をします。これはATNR（非対称性緊張性頸反射）というもの。フェンシング様の姿勢ともいわれています。

目を通して考えを探る

おなかの中で目が動いているのはわかっているのですが、目と同時に頭が動いているのかどうかは、誰も見ることができないのでわかりません。ただ、3Dの技術が進んだら、将来的にはわかるようになっていくかもしれませんね。

また、新生児の視力は0・01程度といわれ、小児科の教科書には、「めがねをかけてお風呂に入った状態」と書いてあるものもあります。ほとんど見えないと思われていますが、実は、生後すぐの赤ちゃんでもしま模様はわかるし、色と形の組み合わせもわかっているんです。

大人にとっては、曇りガラスでは情報量が少ないんですが、赤ちゃんはそれだけでも十分、必要な情報は得ています。目だけではなく、声やにおいもあるので、お母さんの顔もそれなりにわかります。赤ちゃんにとっては、ぼんやりで十分、ともいえるんですね。

視覚機能についてはまだまだわかっていないことが少なくありません。が、それらの最初の一歩が、赤ちゃんの眼球運動、目を動かすということなんですね。まだ言葉をしゃべってはくれないので、目を通じて、その子が何を考えているかを探るしかないんです。そういうふうに興味をもって、目と目を合わせて「あ、見ているな」という確認ができると、育児がもっとおもしろくなるだろうなという気がします。

気になるものは、ついじっと見ちゃう。だってガマンできないんだもーん。

運動発達の常識を考える①

首すわりのなぜ？

その順番、本当に正しい？

首がすわっておすわりをして、立って歩いて…。赤ちゃんの運動発達については、一般的にそういう順番で成長していくと思われています。そうした「順序性」は、はたして正しいのでしょうか？

それぞれの運動はたしかに関連していると思います。が、実は、お母さんやお父さんが支えてあげると、0ヵ月の赤ちゃんでもおすわりをするんですよ。6ヵ月ころには、腰を曲げながら手を前につく、いわゆるひとりでのおすわりをしますが、おそらくそこにいたるまでにも、1ヵ月のおすわり、2ヵ月のおすわり、3ヵ月、4ヵ月、5ヵ月…というふうに、おすわり独自の発達があるんだと思います。

はいはいも同じです。実は、赤ちゃんを生まれてすぐにうつぶせにしても、はいはいをするんです。『匍匐《ほふく》反射』といいますが、これで保育器から落ちた赤ちゃんもいるくらいです。5ヵ月

つい最近まで
水の中だったし
重力ってやつが
からだにしみるぜ

くらいにはうつぶせのままおしりを中心にまわるピボッティング(旋回運動)が出て、6ヵ月からずりばい、よつばい、たかばい…といった発達があります。

一般的に発達の順序としていわれているのは、同時並行で行われている『首がすわる発達』『おすわりの発達』『はいはいの発達』『歩く発達』の、それぞれが完成したところを点でつないだもの。それを順に並べているだけです。「何ヵ月~何ヵ月にできる」といわれるのは、その時期にできる確率が85%以上などと、節目を決めているにすぎません。ですから、はいはいをしないでいきなり歩く子がいるのはあたりまえ。すべて順番どおり、決まった時期にできる子は絶対にいません。順番が前後して当然とも言えそうです。

大切なのは発達の「経過」

本当に重要なのは、そのころに何ができるかではなく、4ヵ月なら4ヵ月のはいはい、おすわり、たっちができるかどうか。そこをきちんと見るべきなんです。発達を見るということは、発達の『経過』を見ることで、経過を見ないと総合的な判断はできないのに、今はでき上がりが遅いか早いか、発達のマイルストーン(節目)しか見ていません。だから、お母さん方が不安になるんですね。

総合的な判断ができれば、たとえばおすわりが遅れていても、ほかが正常ならいいんです。つまり実は、順序だけを考えていても何の役にも立たないということなんですね。

なぜ首がすわるの？

さらに、もっと大事なことがあります。「なぜ首がすわるのか」「どうしておすわりをするのか」。考えてみたことはありますか？　みなさん、あたりまえのことと思っていませんか？

首がすわる＝「ヘッドコントロール」。首の向きが自由に動かせるようになる前に、見たいものを見るために目を動かす「追視」ができるようになります。２ヵ月くらいではまだできませんが、３ヵ月くらいから追視ができるようになり、それが首を動かすことにつながるんです。いわば、首を動かす〝必要性〟が出てくるんですね。

また、くわしくは次の項で説明しますが、おすわりのいちばんの理屈は「足を動かさない」こと。赤ちゃんはすわることで足の動きを止め、手を自由に使えるようになります。手の運動に集中するために、おすわりをする。そう考えたほうが、話がわかりやすいんですね。

「ハンカチテスト」という、顔にかかったハンカチを手で取ることができるかを見るテストがあります。４ヵ月ころから取りはじめるようになりますが、それができるのはあお向けのときだけ。お母さんがひざのうえに赤ちゃんを座らせているときには取りません。

なぜかといえば、上を向いているときにはハンカチを取るだけが仕事。でも、すわっているときには、いくらお母さんが支えていても、赤ちゃん自身ももうひとつ、からだを安定させる仕事が必要となります。赤ちゃんは仕事で忙しくて、ハンカチが取れないんですね。

このように同じ行動でも、寝ているときとすわっているときでは行動の起こり方が変わってきます。そうなると、「すわる」ということに意味が出てくるんですね。

運動にはすべて意味があります

赤ちゃんの運動発達に理由のないことはありません。意味もなく首がすわるなんて、そんな不思議なことは起こりません。理屈を考えず、「できる」「できない」しか言わないし、見ないから、お母さんたちが悩むんです。

基本的に運動は、認知能力や感覚機能と密接に関係しています。6ヵ月くらいの赤ちゃんは、大きいものは両手で、小さいものは片手で取り、手の使い方で物の大きさを認識していますが、それは「手を伸ばす」という運動があるからわかることなんです。

動くから人間であり、動物です。心も、動くからできるのではないか、と、僕は考えているくらいです。「動く」ことは赤ちゃんにとって、非常に大きな意味があるんですよ。

すべての運動に動機あり！　オトナの好きなサスペンスみたいやね～。

運動発達の常識を考える②

おすわりのなぜ？

縦抱き、横抱きは赤ちゃんの意図？

生後1～2ヵ月の赤ちゃんは、まだ首がすわっていない状態でも、動いているものを見ます。すでにお伝えしたとおり、動いているものを見られるようになると、追視ができてきます。すると、しだいに首が動かせるようになり、首がすわります。首がすわると、物が三次元的に見えてくるという面もあります。そう考えると、「首がすわる」のは、筋肉の問題だけではないことがわかります。筋力は使わないとのびません。使わなければ力はつかないんですね。

赤ちゃんにも、抱かれやすい子、抱かれにくい子はいます。大人の抱き方が下手なのかと考えがちですが、早稲田大学人間科学学術院名誉教授の根ケ山光一先生の研究によると、生後4ヵ月までは横抱き、4ヵ月以降は縦抱きが多く、それをよく調べてみると、

なんと、赤ちゃんのニーズによるというんです。

つまり、赤ちゃんの意図によって、お母さんが横抱きにさせられたり、縦抱きにさせられている、というんですね。「赤ちゃんの主張」というわけです。

そう考えると、おすわりにも何か、赤ちゃん自身の意図があるのでしょう。意味もなく、いつのまにかできるようになるということではなさそうです。

どうしておすわりをするの?

おすわりは、基本的には、おすわりの筋肉がついて、おすわりそのものが発達をしてできるようになります(前述したように、1ヵ月のおすわり、2ヵ月のおすわり、というのがあります)。

おすわりをする時期になると、筋肉だけでなく、認知的なレベルが変わってきます。立体視ができてくるんですね。奥行きがだんだんできてきて、距離感もわかるようになっていきます。そうすると、遠くを見る必要が出てくるんですね。おそらくそういった、筋肉の発達や認知能力など、いろいろなことがからんでくることでおすわりができていくような気がします。座ったほうがよく見えるよね、ということですね。

もうひとつ大事なのは、手の操作性が非常に増してきて、自分で物を取ったりするようになっていく時期であるということ。前にもお伝えしたように、自分の手を使うためには、足の動きをおさえなければいけないんです。目と手が協調的に動いて、細かい運動ができるようになってくると、おすわりをするようになる、ということなんですね。

なぜおすわりをするのか。理由をひと言でいえば、「手を自分で使えるようにするため」だろうなと思います。あんなに長く、おすわりをして動かない動物はいませんよね。手が使えない牛や馬はおすわりをしません。あれは手ではなくて足ですから。

手が手として存在していることを証明するには、おすわりができることが条件、と言っても、間違いではないだろうと思います。

「ちょっと意地悪」のススメ

赤ちゃんがおすわりをするようになってきたらチャンスです。いっしょに遊べるようになってきますから、お母さんお父さんはぜひ、いっしょに遊んであげてほしいと思います。距離感がわかってくる時期ですから、手を使ってお互いにやりとりできるような遊びがおもしろいですね。

赤ちゃんは、自分の手の届く範囲にしか手を出しません。取れないなあ、と思ったら絶対に出さないので、その微妙な距離がおもしろいんですよ。少し離れた、届くか届かないかというところで物を見せてあげて、「取れる〜？」なんてやってみたり、ハンカチを落として取らせたり、

場合によってはちょっと隠してみたり、あげなかったり…。赤ちゃんは物の大きさによって両手で取ったり片手で取ったり、取り方を変えますから、いろいろな大きさのもので試してみるのもいいですよ。

けっしてただ意地悪をしているわけではありません。ちょっとだけです(笑)。意地悪というより、意図を読み合うということなんですね。途中で取ったり隠したり、意地悪をしたほうが赤ちゃんが喜ぶし、やりとりが生まれてコミュニケーションがふえるじゃないですか。赤ちゃんもけっこうのってきますよ。

1歳半になると、赤ちゃんがお母さんをからかうようになります。お母さんの反応をある程度読んでいるからからかうんです。この能力は非常に重要だと思います。しかも、学習ではなく、やりとり遊びとしておもしろいから、意図を読み合えるようになる。学ばなければならないということではないんです。これも、とても重要なことだと思います。

とにかく、理屈はどうあれ、こういう遊びは単純におもしろいんです。やってみたらわかります。きっと、「赤ちゃんは距離感がわかるんだね〜、すごい!」「こっちの意図がわかるなんてえらい!」と思いますよ。ぜひ、どんどんいっしょに遊んであげてくださいね。

ちょっかい好きなオトナにつきあってあげるのも赤ちゃんのおしごとです(笑)

はいはい①
赤ちゃんの危機管理!?

赤ちゃんはスーパーマン!

赤ちゃんがたとえばテーブルの上のような、少し高いところをはいはいするとき、お母さん方はたいてい、落っこちてしまう! と思いますね。でも実はそういうとき、赤ちゃんは落ちないんですよ。『落ちない能力』をもっているんです。

ベッドのような台を2つ置き、その間に透明の板を渡す、視覚的断崖(ビジュアル・クリフ)という実験があります。台の端ギリギリまで行ったときに、その透明な板の上を赤ちゃんがはいはいするかどうかを見るものです。

6~9ヵ月の赤ちゃんはだいたい、ギリギリのところで止まり、それ以上越えては行きません。断崖を越えたら落ちるのがわかっているんですね。そうした能力をもともと、生まれながらにもっているんです。

もっと言うと、赤ちゃんには予知能力のようなものがあるんですね。これは赤ちゃん独自のも

のというより、人間そのものがもっている能力で、ごくあたりまえの話なんです。
　たとえば歩きはじめてすぐの赤ちゃんが、目の前の障害物に対してどうすると思いますか？　たいていの赤ちゃんは迂回し、ぶつかることはありません。小さいものなら乗り越えていきます。それは「フィードフォワード」という考え方なんです。
　赤ちゃんの発達を考えるときには『失敗は成功のもと』とか『失敗してのびていく』というような「フィードバック」という発想が強くあります。失敗から学ぶという考え方ですね。が、赤ちゃんは必ずしも失敗するとは限りません。ぶつかって学ぶ、というよりは、その前に察知して迂回するんですね。
　もちろん「学習」のように、失敗を繰り返してうまくいくものもありますが、なんでもかんでも、失敗してうまくいく、という話にはなりません。

ですから、お父さんお母さんは、必要以上に心配しなくてもいいんですよ。そしてそれは赤ちゃんだけではなく、人間そのもの、みんなにある能力なんです。

失敗の前に察知する赤ちゃん

幼児になると、ちょっと危ないような高さに上ったときには下りようとします。後ろから、足で探りながらそろそろと下りていきます。それは、ある程度の高さがわかるから。赤ちゃんの場合には、そもそも下りようとは思いません。下りる能力はもっていないので、危ないと思ったらまず行かないんです。だから、高いところをはいはいしていてそこから落ちるということはあまりないんですね。そうはいっても、お母さんたちは「危ない！」と思うでしょうけれど…(笑)。

人間は誰でも、危機を予知する能力をある程度もっていて、私たちはその能力を使って、さまざまな危機をすり抜けています。もうずいぶん前から、赤ちゃんにもそういう能力があるということはわかってきています。生まれてすぐの赤ちゃんでも、物が飛んできたら顔はよけますし、後ろにそっくり返る能力もあるんです。そうした危機管理能力のようなものをもっていないと、危ないからと避けることもできないわけですからね。

赤ちゃんを信用してみよう

原始反射には、たとえば足の裏をさわっていると、もう片方の足ではねのけたりするような反射もありますし、いろいろな意味で防衛的なものはあるんです。有名なパラシュート反射（上体が倒れそうになったときに手のひらを広げ腕を前に伸ばす）というのがないと、頭から突っこんでいくことになりますから、赤ちゃんは立つことができません。

危機回避というか、自分を守る、という防衛本能を、赤ちゃんはある程度もっています。それが、はいはいするとき、自分が行けないところに行きたい場合にどうするのか、という話につながっていくんですね。ですから、先まわりして心配せず、赤ちゃんを信用して、黙って見ていてください。

はいはいは実は、単にからだの発達だけではなく、赤ちゃんの気持ちがはっきり表れる運動です。次は、はいはいを使ったコミュニケーションをご紹介します。赤ちゃんにとって、そのものがどれだけ大事なのかという、物事の優先順位がよくわかりますよ。

赤ちゃんは必ず失敗するって思ってるんじゃないのー？　オトナだってほら…。

はいはい②

はいはいが気持ちを表す

はいはいで遊ぼう！

9～10ヵ月くらいになると、座っているお父さんの足もとをはいはいしていて、お父さんが足を上げて「とおせんぼ」のようにすると、赤ちゃんは不思議そうな顔をして見ます。9～10ヵ月より前までは、それを乗り越えていきますが、11ヵ月くらいになると、ふっと向こうに行くんですよ。「あ～、通してくれないなら向こうに行っちゃうよ」という感じで。

はいはいの時期にいろいろ遊ぶと、赤ちゃんが何を考えているかわかります。これ以上進め

ないと思ったとき、どういう逃げ方をするのかも。はいはいで遊ぶことは、僕はおもしろいと思いますよ。

お急ぎのときははいはい？ 歩き？

はいはいは、赤ちゃんの気持ちがものすごく出てくる運動です。歩きはじめたころには、「歩いていくとき」と「はいはいしていくとき」が混在します。赤ちゃん自身がどちらをセレクトするのか、という問題が出てくるんです。その時期には、急いでいるときにははいはいのほうが速いですから、すぐにはいはいで来たら、さすがに「これは大事なんだな」と思うし、ゆっくり歩いてきたら「なに余裕かましてんねん！」みたいな話で(笑)。赤ちゃん自身のものの大事さというか、優先順位がよくわかります。お母さんのところには…お父さんのところには…？ なんて考えると、おもしろいでしょう？

今のお母さんは、はいはいについて「後追いするかしないか」くらいしか考えないんですね。「あ、後追いしてくれた、うれしいわ！」という程度。でも、はいはいには赤ちゃんの気持ちが出ているんですから、もっと試したらおもしろいのに、なんでみんな遊ばないんだろうな、と思います。試す方法を思いつかなくて、やり方を教えてもらえばできるのだとしたら、まさにそこが問題なのかもしれませんね。

はいはいは「言葉」です

はいはいなら呼んだら来ますが、ずりばいは呼んでも来ません。自分のまわりを探索する行動であるずりばいは、コミュニケーションの手段ではないんですね。

ちょうどはいはいができるようになってくるころに、お母さんに呼ばれたことがわかるようになり、9ヵ月ごろになると、人の意図がわかるようになってきます。ですから、単純に筋肉がついたから頭を上げるようになったというわけではなく、逆に、そういう認知能力が上がってこないとはいはいにはならないんだろうと思います。

また、そのころには、頭をぶつけそうな危険なところへの恐怖心や、自分は行きたいのにお母さんにダメ、と止められることへの怒り、自分の行きたいところに行けた達成感…、というように、子どもたちの感情が非常に複雑になってきます。ちょうどはいはいを始めるころから、自分が取る、取られるということへの「嫉妬」が生まれてくるということも重要かもしれません。そうなるとはいはいは、新しい感情の誕生とも関係してきます。

努力して何かを得られる、獲得できるのがはいはい。だから、はいはいで手の届くところに物を置いておいて、赤ちゃんに取らせてあげればいいと思います。自分ではいはいして取った、やった！　ということも重要で、本当はそれが「ほめること」なんだと思います。言葉でほめなくても、物が取れれば赤ちゃんは自分で喜びます。

はいはいほど、使い勝手のよい、おもしろい運動はありません。こちらは止まって動かないとか、赤ちゃんと顔を合わせて、赤ちゃんがうれしそうになったときにぱっと行くとか、駆け引きをするんです。赤ちゃんには泣くという必殺技もありますから(笑)、こちらが負けた…というときもあります。言ってみれば、はいはいを利用した気持ちのやりとり。おもしろいですよ。

ドアを開けたらパッとはいはいして自分のほうに向かってくると、すごくうれしいでしょう？　それなら、名前を呼んだり、出ていくスピードを速くしたり遅くしたり、どうしたらいい？　という感じでちらっと顔を見たりして、もっとバリエーションをふやせばいいと思います。そう考えると、どんな言葉かけをするか、ということは重要ではないんです。言葉はいりません。

はいはいはコミュニケーションの手段。単なる移動運動とか、歩く手前の段階、と考えるほうが間違いです。はいはい自体がまず間違いなく、『言葉』なんですから。

はいはいが世界を変えてくれた…。やがてはいはいから巣立つ日がくるよ。

歩行の発達

かわりばんこはだんだんと…

赤ちゃんは、おなかの中にいるころからすでに“歩いて”います。おそらく、動いているあいだに足が子宮の壁にぶつかり、ぶつかると曲げる。そういうかたちで自動歩行ができてくるのだと思われます。また、遺伝的にできてくるだろうと思われる部分もあって、はつかねずみも、おなかの中で歩くときに交互に足を動かします。はじめは両足を同時にけりますが、しだいに交互の動きになっていくんですね。

最初は、左右の神経組織が「いっしょに動こう

ね」という感じで動いていたけれど、だんだんそれができてくると、今度は「右が動くときに左は動くな」というような、抑制系が発達してきて、交互に動くようになり、やがて歩けるようになる…。そういうことのようです。

生後1ヵ月くらいの赤ちゃんでも、支えたら歩こうとします。4ヵ月だと、歩きはしませんが、足をちょっと跳ねるように、ホッピングをするような感じで動きます。つかまえていると、だんだん自分から動くようになってきて、1歳くらいで歩くようになっていきます。どうもそのメカニズムには、おなかにいるときの歩行が一部残っているのではないか、と考えられています。

また、1歳くらいでようやく歩きはじめた子どもの歩き方と、大人の歩き方。その違いがわかりますか？　実は、かかとから着地して歩くようになるのが3歳くらいからなんです。それまでは、赤ちゃんはつま先から着地して歩いています。意識することはあまりありませんが、これも、人間の歩行の発達ということなのでしょうね。

「歩く」のに実は重要な「手」

また、1歳から2歳くらいまでのよちよち歩きのころには、正面からお母さんに「おいで！」と呼ばれても、だいたい左か右か、どっちかに寄って行きます。どちらかというと、左が6〜7割くらいでしょうか。なぜだかわかりますか？

100m走などのトラックは、全部左まわりですね。野球も左まわり。3塁側から2塁、1塁に向かって進むのは、なかなか難しいと思います。あれは右利き用にできているんですね。

人は曲がるとき、右手を振ることで、左に曲がることができます。赤ちゃんも右利きが多いので、左にずれることが多いんですね。左利きの赤ちゃんは当然逆。ときどき、「うちの子、まっすぐに歩かないんです…」と心配されるお母さんがいらっしゃいますが、それはこうした利き手利き足の問題で、どちらにしても、まっすぐに来ることはほとんどありません。どうやら、まっすぐになっていくのは3歳くらいからのようです。

ある研修医が、教会での結婚式のときに牧師さんに「どちらの足から出しますか?」と聞かれ、右利きなのに「右足」と答えたそうです。結局、右手と右足をそろえたまま、バージンロードを歩き通したとか。

いつも無意識にやっていることなのに、意識すると変になってしまう。もう、ずーっと語り草です(笑)。

歩きはじめはしゃべりはじめ!?

もうひとつおもしろいのは、「歩きはじめたらしゃべりはじめる」ということでしょうか。僕らは、歩けるようになって親から離れるから、言葉が必要になるのだ、と考えています。

よく、なかなか言葉が出ない子どもには、どんどん語りかけなさい、といわれます。が、言葉を出させたいのなら、もしかしたら、話しかけるよりも、歩かせたほうがいいのかもしれません。ある能力をのばすために、直接的な部分を刺激するより、いろいろな方向から刺激を与えたほうがのびることもあります。人間は単純ではないので、あたりまえといえばあたりまえですね。

歩きはじめて言葉が出だしたのなら、本当に、言語訓練よりも歩行訓練をしたほうがしゃべれるようになるのかもしれません。というか、そのくらいの発想が必要なのではないかと思います。

そういう意味では、言葉が出るころに歩きはじめる、あるいは歩行と言葉の出現には関係があるかもしれない、というのは、とても興味深いですね。ちょっとしたさりげない一瞬でも、見ていると気持ちがわかることもあります。「運動を見ていると気持ちがわかる」ということも、たしかにあると思います。

〝歩く〟が先か、〝しゃべる〟が先か。実はこっそり悩んでまぁす。

運動が気持ちをつなぐ

「見る」と「やる」とが同じこと?

人は、ものを見たり聞いたりしたうえで、考えて行動するといわれています。最近はいろいろと新しい研究が出はじめ、そう単純ではないといわれることもありますが、一般的にはそう思われています。

そうした観点に立つと、運動そのものよりも、見たり聞いたりすることが重要、という話になります。特に子育てには、その傾向が強いような気がします。

最近、「ものをつかむ」とか「ものをたたく」といった運動行為を自分でするときと、その行為を他人がするところを見たときに、同じ神経回路（ミラーニューロン）が活動することがわかってきました。ミラーニューロンとは、他人の行動やその意図を理解する手助けになると考えられている神経細胞のこと。他人がしている行動の意味や意図が、同じ運動をしたことがある（もしくはすることができる）自分にもわかるというのです。自分の手足を動かさず、見ているだけでも脳の同じところが反応する。それがおそらく、人の気持ちを理解する「共感」や「まね」などのメカニズムに関係するといわれています。

そうだったのか！　ミラーニューロン

このミラーニューロンについて「そうだったのか！」と強く納得したのは、専門家である脳科学者などではなく、むしろ一般の人たち（演劇人や保育関係者）だったようです。演劇などを見て感動し、知らず知らずのうちに同じようにからだを動かしていたり、保育の現場では、同じ運動をすると盛り上がったりしますね。そうした人たちは経験上、他人と同じような行動をすることで共感性が高まることをすでに知っていたんです。「そういうことはたしかにあるけれど、それってなんなんだろうね？」という疑問が、逆に神経科学で証明されたというわけです。

重要なのは、見ることと運動することが、ほぼ同じところで、同時並行的に処理されているということ。いちいち知覚野や感覚野に入って言語野を通って運動する、ということではなく、その運動野のなかで見た、情報を処理することとからだを動かすことが、同時並行で行われている。

それがおそらく共感を生むのだと考えられています。

そしてもうひとつ大切なのは、「同じ運動」をしたことがある、ということです。とはいえ、不思議なこともあります。たとえば「ものをつかむ」ときと「手をひっかく」ときは、実は指の動き・運動としては同じです。でも、「手をひっかく」ときには反応しないのに「ものをつかむ」ときだけ、反応がある。そういうことが起こるんですね。

どうも人間は、運動のパターンを覚えるようです。ものを取るときに、対象を見て、その形状を見て、徐々に手を動かして距離を近づけていく、と考えられていますが、現実には特に意識することもなく、パッと取るでしょう？「ものを取る」という単純な行為は、実は「手を伸ばす」「ものをつかむ」という、ふたつの運動の組み合わせ。これが運動のパターンとしてあるんですね。

大事なものを取るときには考えたり、慎重にやったりしますが、慣れた運動についてはあまり考えず、運動のパターンを選択するようだということも最近わかってきました。歩くとき、路面の状況によって歩き方をいちいち考えてから変えたりしないでしょう？ ただ合ったものを選んでいるだけなんですね。

赤ちゃんは不言実行！

では、赤ちゃんの場合はどうでしょうか。まだ十分に感覚が発達していない胎児や新生児は、当然、情報が入ってから考えて動いてはいないでしょう。しかしみなさんご存じのとおり、赤ちゃんは原始反射など、運動のようなものを盛んに行っていますよね。

つまり赤ちゃんの行動は、「目的なく動く」「とにかく動いてから考える」ということになります。動いてものを探るというのは、非常におもしろい赤ちゃんの特徴ですが、そうすると、赤ちゃんはなぜ動くのか、ますます不思議ではありませんか？ まだ結果が出ていない部分も少なくありませんが、興味深いところです。

どちらにしても、「運動、あるいは運動パターンというものが共感の気持ちを生む」というのなら、あまり運動をおろそかにはできないだろうと思います。僕らも経験的に、保育のなかで、保育士さんと子どもがお互いまねっこをしあうと盛り上がることを知っています。みんな無意識に、わかっていてやっている。理屈ではないんですね。

同じ行動をすることで、気持ちがつながる。育児や保育では、非常に重要な話ではないでしょうか。

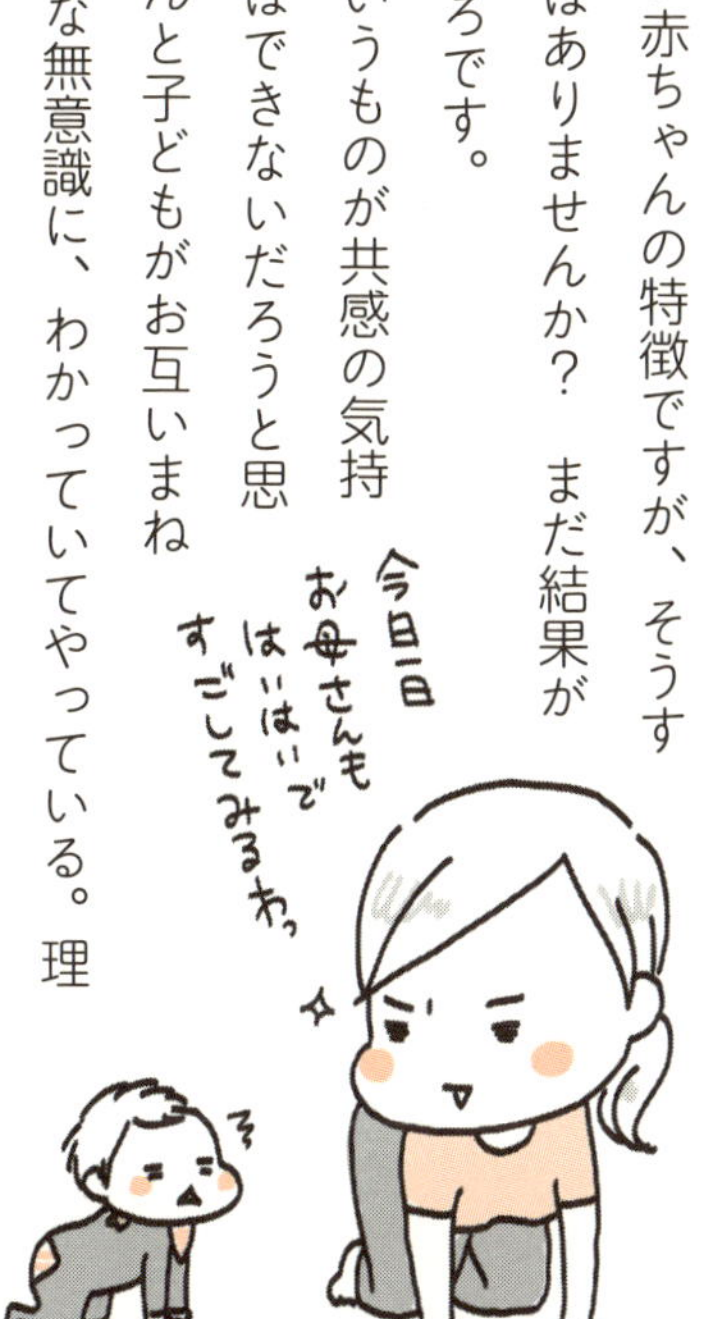
今日一日
お母さんも
はいはいで
すごしてみるわっ

まずはどんどんやってみる。からだが覚えたら、ワンパターンから脱出だい！

はじまりは赤ちゃんから　～豆キチの場合～②

この子は たぶん
ヨコが キライなのよ
んく んく
そう!! 個性よ!!
さすがベテラン助産師さん
そのとおりでした
じたばた
目が覚めてる うちは とにかく『タテ』に こだわる 豆キチ
うっ ヨコ!? 泣くぞ!!
ねえ
新生児って こんなに 自己主張 強いもんなの?
え? んーーー…
アベ母
20年以上も 昔だし…
あんたら ふたごだったし…
正直言って ミルク・おしっこ うんち・お風呂の ヘビーローテーションで 自己主張とか 見てるヒマ なかったわね
ヘロ ヘロ
メシ!!
オムツ!!

母…大変だったのね…
母になって母の偉大さを知った
実家には2匹ネコがいて
オス
メス
メスネコは私がトイレやお風呂でいないときによく子守りをしてくれました
じ〜
出産当時0歳児の脳育ブームだったので
へえ〜新生児でもいろいろするんだ
脳育
うつぶせにして頭をもちあげたり
よっこらしょ!!
すごい!!
おもちゃを目でおっかけたり
じ〜
ずいぶん熱心ね〜
うつぶせ大丈夫なん?
赤ちゃんって何も考えてないと思ってたからな〜
ひたすらねかしてたし
孫はまじめに脳育してみようかな
そのセリフ私が赤ちゃんのときに言ってほしかったわ
え――ん
え――ん

Chapter 3

赤ちゃんが教えてくれる！

育児編

愛着って何だろう？

自らの意思で動く赤ちゃん

従来、赤ちゃんは刺激されてはじめて動くといわれ、それを「原始反射」と称してきました。いまだに小児科医向けの教科書には赤ちゃんの運動は「原始反射」が中心としか書いてありません。なぜなら、「赤ちゃんをこう刺激したら、こういった反応をする」など、原因と結果を関連させやすいからでしょう。

ところが最近の赤ちゃん研究では、この時期の赤ちゃんは手足をでたらめに動かしているのではなく、リズミカルな一定のパターンで自らの意思で動かしていることがわかっています。研究を始めたきっかけは「お母さんが何もしなくても、赤ちゃんはほぼ95％以上自ら動いているのではないか」という研究者の声でした。では、なんのために赤ちゃんはからだを動かしているのでしょうか。それは、「自らが自由自

在に動くことで、周囲がどう変化するかを見ている」と考えられるでしょう。つまり、赤ちゃんは、周囲を認識しているわけです。たとえば、モビールです。赤ちゃんがさわったらモビールが動くことで、手の動きとモビールが関係していることがわかります。まさしく、一生懸命に赤ちゃんは周囲を知ろうとしていて、ひいてはこれが「学習」につながっていくのです。

赤ちゃんからのサインを見逃さないで

もうひとつ大事なのが「対人関係」です。「赤ちゃんにとって、お母さんとの関係がいちばん大切。最初に見たものをお母さんだと思いこむので、すぐお母さんの顔を見せなくてはなりません」とよくいわれていますが、これは事実でしょうか?

赤ちゃんはおなかの中にいるときからお母さんのにおい（嗅覚）や声（聴覚）がわかっているので、生まれてすぐにお母さんを見ることで認識するわけではありません。赤ちゃんは胎内にいるころからいろいろと感じ取り、そのお母さんの愛情、愛着を自ら求めているのです。

赤ちゃんは抱っこしてほしいときにサインを出します。お母さんはそのサインを見逃すことなく、赤ちゃんを抱いてあげれば、そこで愛着ができるわけです。

むしろ、赤ちゃんが抱いてほしいサインを出しているのに、抱いてあげないお母さんが多いことが気になります。基本的にはあれこれ考えず、単純で同じことを繰り返すほうが赤ちゃんにとっては安心感があり、「お母さんに抱っこされている」実感がわきやすくなります。逆に、お母さんがちょこちょこ手法を変え、あれこれ試してみることで、赤ちゃんは「何かが違うな?」と少し動揺することがあるかもしれません。

「こうしたら愛着がわく」とか「声かけをしなくては」などと、特に深く考える必要はありません。それよりも、赤ちゃんがお母さんに語りかけているサインを見逃さないであげることが大切でしょう。毎日同じようなことの繰り返しで少しうんざりするかもしれませんが、そこできっと、愛着の形成はできているはずです。

また、赤ちゃんがおっぱいを飲むときも同じです。赤ちゃんがおっぱいをさわるときに、「手のひら」ではなく、「手の甲」でさわることを知っていますか? 手のひらでさわるとおっぱいをぎゅっと握りしめてしまうので、手の甲でさわっているんです。甲でさわることで、手が自然と開き、おっぱいをべたーっとソフトにさわることができます。これに気がつくお母さんは少ないとは思いますが、赤ちゃんは、けっこう気をつかってさわっているんですよ。そんな赤ちゃんの気持ちに気づいてあげることが、赤ちゃんとの愛着をつくることにつながるのです。

愛情・愛着は生まれてくるもの

生後1ヵ月は、お母さんはしんどい時期かと思います。体力もまだ回復していませんし、いろ

いろと頭で考えて行動してしまうでしょう。いい意味で鈍感になって、多少のことには動じないくらいの対応が必要かもしれません。

愛情があれば相手をわかろうと思います。力を抜いて、「どうしてこんなことをするのかな?」と、赤ちゃんをよく見てみませんか? そこには、ひとつひとつ理屈があり、わかるとおもしろくなってきます。そうすると、さらに愛情がわいてきますよ。

30年間小児科医として働いてきましたが、やっと少し、子どもの気持ちがわかってきました。赤ちゃんの行動にはすべて意味があることがわかってきて、赤ちゃんを知れば知るほど、「育児しよう」なんて思うことが、おこがましいような気がしています。

愛情・愛着は与えるものではなく、生まれてくるものです。お互いがやりとりするなかで、かわいいなと思ったり、いとおしいなと感じたり。子どもが落ちこんで助けを求めてくるときこそ、親でいてよかったなと思えるでしょう。

育児でいちばん大事なのは、向こうからのサインを「待つこと」。待っていて、理解して、受けとめる。なかなか難しいことですが、察する力が大切なんです。

こっちから投げるからね〜! ちゃんと気づいて、しっかりとってね!

赤ちゃんを抱くということ

赤ちゃんがお母さんにしがみつく？

「お母さんが愛情をこめて抱っこすると、赤ちゃんは喜ぶ」――そう思っている人はいませんか？　外来でも、「そのせいで、抱き癖がついて困っている」とおっしゃるお母さんは少なくありません。

ニホンザルなどの霊長類を見ていると、お母さんは一日じゅう、赤ちゃんを抱っこしているように見えますが、実は赤ちゃんがしがみついているだけで、ほとんどお母さんは手を出していません。なぜなら、霊長類のお母さんは四本の手足で歩くからです。ということは、赤ちゃんを抱っこすることはできないわけですね。

ところが進化にしたがって、赤ちゃんがお母さんから離れる時間がふえる傾向にあります。霊長類研究所のチンパンジーには、赤ちゃんを床に置くという行動が見られ、抱く時間が少なくな

いいなー　サルは子どもが自力でくっついてくれて…
ウ…ウキ
人間って大変ですね

っているのです。人間も同様だと考えるのが自然でしょう。

手先を使わず、腕で支える

お母さんのなかには、抱っこするようになって「腱鞘炎《けんしょうえん》になった」「肩こりが激しい」「腰が痛い」という人もいると思います。初めての育児においては、この痛みからくる不安が実は大きいのです。赤ちゃんを抱きたくても抱けなくなるんですね。

小児科医は、正しい抱き方を指導することも重要であると日々痛感しています。「愛情を伝えるために抱いてください」と言われたら、抱き方もままならないお母さんたちにはしんどいでしょうし、本来、正しい抱き方をしていれば、腱鞘炎や肩こりにはならないはずなのです。

手先を使って抱こうとするから腱鞘炎になるのです。手先をほとんど使わずに、腕で支えるのがコツです。

手を赤ちゃんの足の間から入れて、手ではなく腕でからだ全体を支えるようにしましょう。赤ちゃんの頭をひじあるいはひじ関節より少し上に乗せ、手首から先には力を入れないこと。首の支え方と背中の持ち方がしっかりしていればうまく横に抱けますし、ときには自分の手を組み、両手で大きな円を作り、その中に赤ちゃんが前向きで座れるようにする抱き方も指導しています。

首がすわる前の3ヵ月くらいまでは横抱きにせざるを得ませんが、首がすわったあとには縦抱きにしてあげるほうが赤ちゃんも喜びます。基本的には、4ヵ月を過ぎたら横抱きにする必要はありません。そのころの赤ちゃんの背骨は、どちらかといえば曲がっていますが、縦抱きにすることで、背骨がまっすぐになります。

6ヵ月ぐらいになると赤ちゃんが「座る」ことを覚えます。「座る」ということは左右の筋肉をきちんと使っているということ。しだいに背骨がまっすぐになっていきます。「座らせるとよけいに曲がる」のではなく、「座らせることで背骨がまっすぐになる」と考えましょう。

抱っこは何のため？

このように、赤ちゃんが成長していく過程を見てみると、理屈ではだんだんと抱っこする回数が減っていくことになります。ですので、「抱くということを大事にしてください」という言い方をよくします。が、そこに、「抱かなければならない」という理由はないと考えています。では、何のために抱くのでしょうか？

お母さんは「赤ちゃんが抱いてほしいと言っている」とよく言いますが、たいていは、赤ちゃんがかわいいから自然に抱くのでしょう。ここで、「抱いてほしい」という意図がどこに出てくるかを考えてみましょう。

前述したように、4ヵ月を過ぎると縦抱きになります。これは赤ちゃん自らが行う、お母さんに対しての意思表示であるといわれています。赤ちゃんの首がすわってくると、視界が変わり、見えるものが違ってくる。そういう意味で、4ヵ月の赤ちゃん自身が、横抱きではなく、縦に抱いてほしがるというのが正しいのではないかと思います。

少し気がかりなのは、抱くとお互いの距離が近くなり、赤ちゃんの表情などを観察しにくくなってしまうこと。抱っこしたり、おっぱいをあげたりするのは、赤ちゃんの望んだことではありますが、手足が動かせるようにここちよく抱いてもらえないと、むずかることがあるかもしれません。また、抱くということがそこまで大事なのかについては、いまだわからないところでもあるのです。抱っこはせいぜい半年間のことだから、むしろ手ばなすことを考えて抱くのが大事かなと思うくらいです。

抱っこには、愛情云々より、正しいやり方が大切です。きちんとした抱き方を知り、いい抱き方をしてあげたなら、誰が抱こうと赤ちゃんは大喜びするでしょう。つまりは、テクニックです。大事なのは、「こういうふうに抱けばお互い楽だよ」ということであり、お互いが楽なら、コミュニケーションもすんなりいくのではないでしょうか。

目の高さや向きが変わると景色が全然違うんだよ。もっと見せて〜!

さわること・さわられること

大切なのは赤ちゃんが「さわる」こと

触覚については最初にとり上げましたが、今回は「さわる」「さわられる」についてお話しします。

触覚は、能動的な「さわる」と受動的な「さわられる」とにはっきりと分かれます。視覚や聴覚にも同じように「見る」「見せられる」、「聞く」「聞かされる」ということがありますが、触覚の場合は主体が「自分」なので、自分がさわりたいものに「さわる」、相手に「さわられる」と、明確に区別されるのです。

赤ちゃんにとってより重要なのは、実は「さわられる」ことではなく「さわる」こと。さわることで、自分のからだやまわりのものを認知します。指しゃぶりも指の認知につながりますし、生

後5ヵ月くらいから足をなめることで自分の足がわかる、ともいわれています。

おなかの中からの指しゃぶりも考えると、かなり長いあいだ、赤ちゃんは自分のからだを自分でさわることで認知しているようです。自分のからだをインプットしていく時期は、おそらく生後5〜6ヵ月ごろまでか、場合によっては1年くらい続くと考えられますが、そのときに、横からむやみに「さわる」のはやめてほしいと思います。

自然なタッチならいいけれど…

赤ちゃんとお母さんとのスキンシップは、赤ちゃんが先にお母さんにさわることが多いんです。おっぱいを飲んでいるときも、赤ちゃんが先。もちろん、かわいくて思わずお母さんがさわってしまうことは自然な「タッチ」ですので、悪いことではありません。でも、赤ちゃんが自分のからだを自分でさわって認知しているときに、わざわざお母さんがマッサージなどで赤ちゃんにさわる必要はないと、私は思っています。

繰り返しますが、お母さんが赤ちゃんにさわることがダメとは、けっして言いません。赤ちゃんに自然にさわるのはもちろんいいことで、そのときには表情からも気持ちが伝わるでしょう。が、そこで必要なのは自然にさわることで、わざわざ意識的にさわることではありません。赤ちゃんも、眠いときにはさわってほしくないかもしれませんし、赤ちゃんの気持ちを考えてからさ

わってほしいと思います。

赤ちゃんからの発信を待って

赤ちゃんが「くう～」と言っているのを聞いて「あら、どうしたの?」「今日はごきげんねえ」などと言いますよね。赤ちゃんにしてみれば、何か声を出すとお母さんはこう返してくれるんだ、ということがわかり、愛着が出てくるんです。お母さんが与えたから愛着が出てくるのではないんですね。

このような、クーイング（※赤ちゃんが生後2ヵ月ごろから「クー」「アーアー」などと声を発するようになること）とマザリーズ（※大人が乳幼児に話しかける際に発してしまう、声高で抑揚のついた独特の話し方）の関係も、まず赤ちゃんがしゃべるクーイングがあって、そのあとにお母さんが答えるマザリーズがある、というほうが頻度が高いのです。「さわる」「さわられる」も、それと同じ。赤ちゃんがさわってくるのを待って、さわり返してあげればいいと思います。

タッチの効用は基本的に愛情です。かわいいからさわる、それがいちばん大切なこと。赤ちゃんがさわって、お母さんがさわり返す。赤ちゃんがさわって、お父さんもおじいちゃんもおばあちゃんもさわり返す。「お互いの」コミュニケーションなんですね。

認識は口に入れることから

もうひとつ重要な触覚に「口」があります。赤ちゃんは生後5ヵ月くらいまでは、物が立体的には見えていません。そのころに、たとえば積み木を立方体だと認識するのは目ではなく、口。口の中に入れることで、これは平べったいものではない、と触覚でわかるんですね。

口の中に物を入れることは、認識という意味では非常に重要です。「ザラザラ」「つるつる」「ふわふわ」なども、口に入れることで調べています。ですから、この時期にはたくさんのものをさわらせなければいけないし、口の中に入れなければいけないんです。「さわらせない」「なめさせない」というのは、大切な勉強の手段を奪っていることになるんですね。

最近は汚いとか不衛生だとかいって、子どもに物をさわらせない傾向があることが気になりますが、口の中は本来汚いもの。からだの外、「体外」ですから、ばい菌がいてあたりまえなんです。それよりも大事なのは、口の中に十分に物を入れさせて認識させてあげること。口に入れることが赤ちゃんにとっての「勉強」なんです。お母さんたちはいろいろと心配しますが、よほどのことがないかぎり大丈夫。基本的には十分にさわらせて、なめさせてあげてください。

「さわる」「なめる」「声かける」で、たくさんのデータを集めてるんでしゅ。

飲む量は赤ちゃんが決める？

初めての自己主張！

産後2ヵ月くらいのころのお母さんたちによく相談されるのが、「おっぱいやミルクを思ったほど飲んでくれない」という悩みです。「飲む量が減り、一日12～13回、哺乳を繰り返しても飲んでくれない。どうしたらいいですか」というのです。

実はこの時期はちょうど、赤ちゃんが飲む量を決めるようになるころ。飲みたいときに、飲みたい量しか飲まないようになってくる時期なんです。「飲む量くらい自分で決めるよ！」という、おそらく、赤ちゃんのいちばん最初の自己主張なんですね。

あんまり飲まないので飲ませるのをやめると、すぐにおなかがすいて、また哺乳。結局、少しずつ飲みつづけ、いつも赤ちゃんのおなかにたまっているような状況になります。赤ちゃんの胃のpH（酸性・アルカリ性を示す数値）を調べると、飲むときと空腹のときにはきれいな山ができますが、ひんぱんに哺乳すると山が下まで落ちず、空腹感がなくなってしまうんです。少しぐらい泣かせても時間をあけ、ちゃんと空腹にしてあげて1回の量をふやせば、たくさん飲むようになります。体重さえ減っていなければ、お母さんの思うほどミルクを飲まなくてもいいんです。おおらかに考えましょう。

赤ちゃんが「これだけしか飲みたくない」「もうこれでけっこう」と自己主張している——。そう考えてみると、それはもう困った問題ではなくなります。むしろ、赤ちゃんと折り合いをつけることがおもしろくなるのではないでしょうか。

変わっていく「飲み方」「出し方」

また、この時期はいわゆる意識的な運動が出てくるころでもあります。「飲む」ことでいうと、胎児期の運動だった〝反射的に〟ではなく、少し〝意識的に〟飲むようになり、飲み方も変わります。

おっぱいを飲むときの舌は、じゃばらのように波打たせるような、いわゆる蠕動《ぜんどう》運動をするんですが、それを最初に見つけたのが、心理学が専門の岩山和子先生でした。30年ほど前の研究ですが、心理学の先生が、赤ちゃんの舌の運動を観察するために、哺乳びんの乳首のところに胃カメラを設置したことにも驚きました。

その研究によると、赤ちゃんは2～3ヵ月くらいで飲み方を変えるそうなんです。反射的な飲み方と意識的な飲み方が同じ日に交互に見られる時期を経て、だんだんそれが、意識的な飲み方に移行していくということでした。

おもしろいことに、おしっこの出し方も、同じように生後2～3ヵ月で変わってくるといわれています。おなかの中の赤ちゃんは、おしっこをするときに必ず、泣くような行動が見られ、それからおしっこを出すんです。要するに、腹圧をかけて出すんですね。だいたい1回の泣きで、膀胱の中はほとんどからっぽになります。ところが生後2～3ヵ月になると、1回の排尿で完全に出しきれないことがあるんです。少しずつ残るような出し方を経て、意識的におしっこを出せるようになってくると、だんだん、1回のおしっこで残さなくなっていくのです。

ある意味で「誕生」といえる時期

考えてみると、「おっぱいやミルクを飲む」「息をする」「おしっこをする」というのは、意識的にも無意識的にもできる行動なんですね。おねしょは無意識に出ますが、おしっこはある程度出したり止めたりできますし、呼吸も、普段は意識せず息をしているけれど、止めようと思ったら止められますよね。これらのような、生命維持に関する大きな運動は、おなかにいるころから

すでに行われ、生まれたあとにもずっと続くわけですが、おもしろいのは、そのあいだに移行期があることなんです。それがどうやら、生後2～3ヵ月くらいなのではないかと考えられています。運動に意識というか、意思、意図が入ってくるというのが、非常に興味深いですね。

そう考えると、「ミルクを飲まなくなった」という現象も、「ちょっと成長したんだなあ～」と思えてきませんか？「これから言うことを聞かなくなっていくのね」「ここで意思が出てきましたね、これから大変だ～！」という話になります。

冒頭でご紹介した相談でも、ほとんど体重は減っていないケースが多いんです。いわゆるムラ飲みなんですね。赤ちゃんにしてみたら「飲みたいときに飲んで何が悪いの？」ということになるんでしょうね。「もうこれからは言うことなんか聞かないぞ～！」という、赤ちゃんからの警告かもしれません(笑)。そうやって赤ちゃんの気持ちに攻めこんだり守ったりして、そうそう親の思いどおりにはいかないということを、僕はむしろ、お父さんお母さんに楽しんでほしいと思います。

そんな意識改革のようなものがある、生後2～3ヵ月のころは、ある意味で本当の「誕生」と言えるのかもしれませんね。

なんでもいいという時代は終わりました。おっぱいソムリエをめざそうかなぁと。

声で怒る？ 顔で怒る？

視覚情報VS聴覚情報

赤ちゃんが10ヵ月くらいになると、「うちの子は言葉で怒っても言うことを聞かないんです」というお母さん方の声をよく聞きます。実はそういう場合、言葉だけで怒っていて、表情が全然怒っていなかったりすることが少なくありません。

逆に、ほめるときに顔が笑っていないということもよくあります。むしろこちらのほうが多いかもしれません。赤ちゃんにしてみれば、声は怒っているけれど、顔は笑っている、言葉と表情が矛盾している状態。そんなとき、視覚情報と聴覚情報のいったいどちらが効くのでしょうか？

これは昔からいわれていることで、心理実験も行われているのですが、非常に難しく、まだはっきりとした結論が出ていません。どうやら民族によって違うらしいということはわかってきています。日本人と外国人とで違うというんですね。

日本人の子どもは、どちらかというと「顔」。お母さんが「ダメよ！」といくら声で言っても、顔が笑っていたら全然効きません。よく「ほめて育てろ」といわれますが、それに関しても言葉よりも、表情が大事。そのことを、日本人のお母さんはあまり意識していないようです。

また、言うことを聞かないとき、聞かせるような発信のしかたをしていない場合も少なくありません。よそ見しながら「ダメ！」といくら言っても聞きませんし、「いい子ね」とほめるときに顔がちっとも笑っていなければ、言うことを聞かなくてもあたりまえです。「ほめろほめろ」と言われすぎて、ほめなきゃいけないと思っているお母さんの多くは、口だけでほめます。いいかげんにほめていると、子どもは混乱してしまいますよ。

きちんと「怒りきる」ことは非常に重要です。本当にダメなものはダメ、というときには、表情も声も、きちんと合わせましょう。逆を言うと、赤ちゃんはその境目を敏感に察しているのではないかと思います。

日本語には「間」と「空白」

日本人はどちらかというと「顔」ですが、アメリカやヨーロッパの人は「声」や「言葉」に引っぱられているようです。

たとえば、離乳食を食べさせるときに日本人のお母さんは「おいちい、おいちい」などと言いますよね。ときには「おいちい」という格好までして、オノマトペ（擬声語や擬態語）とジェスチャーで伝えます。

ところが、英語などにはいわゆるオノマトペが少ないのです。「この離乳食は栄養があるから食べなきゃいけない」みたいなことを延々と、話しかけたりするんですね。

だからおそらく、日本と欧米では、親子の関係が違うのだと思います。今では、しゃべらなければ伝わらない！　という風潮が強い日本ですが、日本語は本来「以心伝心」。日本の育児文化のなかで、伝統的に大切なのは「間」と「空白」なんです。

日本語は「間」を非常に重要に考える文化で、しゃべらないところが日本の育児のすばらしさでした。言わないところに万感をこめる。行間を読む。だから日本の育児は本来、言葉のないものだったのではないかと思います。「おいちい、おいちい」でいいし、「うまうまだよ～」でよか

ったんですね。それが、ものすごく薄れてきていると思います。生活のスピードも速くなり、日本人自体が変わりつつあるような気もしています。

一方、英語の場合は討論（ディスカッション）。ときには途中からでも入って、自分の思いをどれだけ伝えるかが勝負です。相手の話を受けて間をとることは、ほとんどありません。

昔、文通なんかをしているときに、ポンとひと言だけ書かれていてあとは何も書いてなかったら、すごーく考えたでしょう？「これってどういうこと？」って。やたらと書いているより印象的だし、気になるし…。育児も、そのあたりの日本文化のなかにあるのかなと思います。

無理をして西洋の育児をとり入れたために、「言葉で伝えるか、表情で伝えるか」という問題も起こり、「間」など、日本人独特のものを失いつつあります。僕には、日本の育児がおかしくなってきているという危惧もあります。たぶん、育児不安も増していくのではないでしょうか。

日本人の子どもは、そんなにお母さんにしゃべってほしくないんですよ。実は子どもたちは、「いちいちうるさいなあ～、そんなにこまごまと説明してくれなくたってわかるよ！」と、思っているかもしれませんね（笑）。

とか言ってる小西先生は、空気を読むのがへたっぴらしいでしゅ～（笑）

赤ちゃんは表情を読む

「停止顔」のススメ

赤ちゃんは小さいころからお母さんの顔を見ています。1歳半くらいになると、何か初めてのものを見たときには、お母さんの顔を見ながら指さしをするようになります。そのときのお母さんの顔色や表情を見て、これはこういうものだ、これは食べていいのか、などを見極めます。これを「社会的参照の指さし」といいます。

その前の段階である生後7～8ヵ月でも、「どうぞ」とあげるふりをして「ダメ」と言っていると「くれるの？　くれないの？」みたいな感じで顔を見るんです。赤ちゃんがお母さんの表情を見て行動を変えるということもよくあります。

赤ちゃんがいちばんいやがるのは、お母さんでもほかの人でも「無表情」。なぜかというと、表情が読めないからです。赤ちゃんにとっては、なんでもいいから動いていてくれると安心なんですね。

僕は表情を止めた顔を『停止顔』と呼んでいます。目や口を動かすことをやめると、赤ちゃんがびっくりしますよ。怒っていても笑っていてもいいんですが、表情が止まると、何かがおかしい、と赤ちゃんがとまどってしまうんですね。

ご機嫌をとる赤ちゃん、嫉妬する赤ちゃん

『停止顔』をすると、4〜6ヵ月くらいの子はいやがります。生後4ヵ月くらいの子はおもしろいですよ、さりげなく目をそらすんです。6ヵ月の子は相当泣きます。ああ見たくない、という感じで。9ヵ月くらいになると、赤ちゃんのほうから笑いかけてきます。関係を修復しようと、お母さんの気を引く行動をとろうとするんです。ご機嫌をとるんですね。そのくらいの赤ちゃんの前で、お母さんが人形で遊んだりすると、赤ちゃんが嫉妬して泣いたりします。

赤ちゃんがお母さんの顔を見て、機嫌をとったり関係修復をしようとするのは、赤ちゃんのほうが気をつかっているということ。大事にしないといけないと思います。でも、あたりまえといえばあたりまえなんです。言うことを聞いてくれないときに「ちょっとこっちを向いてよ!」と

言いたくなるのは、人間だったらあたりまえですから。

表情で気持ちのやりとりをしよう

お母さんは笑顔だけでなく、ときにはムッとした、怒ったような表情など、いろいろな表情をしたほうがいいんです。いつもにこにこしているお母さんがたまに変な顔をすると、赤ちゃんの反応がおもしろいですよ。ちょっとびっくりさせて、困らせてみたほうが、赤ちゃんがいろいろと考えます。考えるから機嫌をとろうとするんでしょうね。

「そういうことをするとトラウマになるからやめてください」と言われたことがありますが、そんなに簡単にトラウマにはなりません。ずっと長いあいだ停止顔ができるお母さんはいないですし、僕もそうですが、相手がどう考えるかな？　ということはつねに思いますよね。「おや、お前も顔色を読んでるな、これから苦労するねえ～」と思えばいいわけで、気持ちのやりとりをしているわけですから。それをトラウマと言っていては、いい子育てはできないと思います。

もう少し大きくなってくると、保育園などではっきりと親や大人の気を引く行動をします。必ずしもいいことではなく、たいがい悪いことですね(笑)。でも、だからといってそういう行動が一概に問題行動だとはいいきれません。子どもだって考えて行動しているんですから。お母さんたちも、もうちょっと気楽にかまえてくれるといいんですけどね。

赤ちゃんのほうが勉強しています

人間であれば誰でも、生きている以上、自分にとって大事な人の表情を読むのはあたりまえ。怒ってみたりすねてみたりという表情を通じてのコミュニケーションはすごく大事ですよね。

大人に対しても、子どもや赤ちゃんに対しても、基本的には同じことなんです。子どもに対しては特に、上から目線というか、何かを『してあげる』という感覚の人が少なくないですが、赤ちゃんからすれば「もう、うっとうしいなあ、勝手にさせてよ」という感じかもしれません。『してあげなければいけない』という育児論がずっとあると、赤ちゃんもお母さんも大変だと思います。『してあげる』ということは、赤ちゃんが何もできない弱いもの、という前提があるんですよね。でも、そうではないんです。赤ちゃんは毎日、私たち大人よりもずっと、いろいろなことを探して、必死で勉強しているんですから。

まず、なんでも口で言わないといけないと思うことが間違い。そういう意味でも、ときには停止顔をやっていただいたほうがいいと思います。「何か悩んでいるの?」と、赤ちゃんが気をつかってくれますから(笑)。

気をつかってるフリをするのも作戦なんだけど。それはナ・イ・ショ!

紫外線 今むかし

紫外線は嫌われもの!?

　何年か前、以前京都大学にいた依藤先生が、「ビタミンD欠乏性くる病」になっている子どもがいるという報告をしました。紫外線が有害という情報があふれたために外出しなくなったことにより、だいぶ前に聞かれなくなった病名ですが、骨がもろく、変形したりする「くる病」がふえたというのです。

　ビタミンDは紫外線にあたることで活性化され、それによって骨の中にカルシウムが取りこまれます。活性化しないといくらカルシウムをとっても骨に沈着せず、取りこまれません。要するに、カルシウムは紫外線にあたらないと吸収されないんですね。

たしかに「あてすぎには注意」ですが…

「紫外線が有害」と聞くと、まず「がんになる」と思うかもしれませんが、そう考えられているのは主に、いわゆる白人です。日本人と比較すると、白人の皮膚はメラニン（動物の皮膚や毛などに存在する色素）が少なく、紫外線に対する防御機構が日本人より低いため、白人の皮膚がんの発生率は日本人の数十倍といわれています。オランダなどのヨーロッパでは、公的ながんの検診は大腸がんと皮膚がんですが、日本では胃がんや肺がんなどの検診が中心。皮膚がんは少ないので検診をしないんです。

おそらく、人種による違いなどを考慮せず「紫外線はよくないもの」という外国からの情報をそのまま直輸入したのでしょう。ですが、日本人はそれほど紫外線に弱くないんですよ。

とはいえ、たしかに5月、6月ごろには紫外線が強くなります。日焼けでヤケドのような状態になることもありますから、紫外線のあてすぎには注意をしなければなりません。それはあたりまえなんですが、それと同時に、あてなければいけないことも事実なんです。

いきなり変わった紫外線対策

少し前のお母さんたちの育児相談で最も多く聞かれたのは、厚着をさせるかどうかなどの衣服のことと、日光浴の問題でした。今とは逆に、「どのくらい日光にあてていいか」ではなく、「どのくらいあてなければいけないか」を聞かれたものです。当時の育児書には、手の先から順番に日光にあてていきなさいと書いてあったんですね。その順番にもあまり意味はないのですが、ともかく、ある程度の月齢になったら日光浴をさせようといわれていたのに、日本人のデータが何もないのにもかかわらず、あるときからいきなり「紫外線はダメ」ということになったんです。

いつからかはわかりませんが、どのくらいあてたらまずいですか？　と言う人がふえ、だんだんと極論を言う人が出てきて、それならあてなければいい、となったのかもしれません。

このことは、育児情報の出し方・受け取り方が抱える問題のひとつの例として、象徴的な感じがします。

いろいろな問題をバランスよく

また、紫外線だけではなく、現在は昔よりも、放射線や黄砂などのために外に出さないほうがいいという意識も高いですね。今、環境省のエコチル調査という研究の中で、京都大学などが中心となって黄砂とアレルギーの問題を研究しているのですが、黄砂が多いときに明らかにぜんそくがふえています。今の黄砂は砂の粒子だけでなく、化学物質がついていて、スギ花粉の時期に実は黄砂も入ってきているんです。個人的な対応も重要で、黄砂の多いときには外出しないよう

にするのも大切ですが、国としての対応も必要かもしれません。

紫外線の考え方も、正常範囲内でおさまるケースと、おさまらないケースというのがあるようです。いくら紫外線が危ないといっても、普通はくる病になるほど光にあてないでおくとは考えないでしょうし、現実に、外に出ない子どもはいないでしょう。また、ある程度常識があれば、夏の暑いときや長時間は、危ないと言われなくても外には出しませんよね。それはあたりまえのことなんですが、情報に極端に反応する人が多くなったのかなと思います。

危険と言われても、ある程度、最低限度の日光にはあてないと困ります。外に出すというよりは、日光にあてることが必要。家の中でも、窓越しに日光をあてることはできます。

ある程度常識で補いながら、さまざまな問題をバランスよく考えられるといいですね。それができれば苦労しませんが…。

少しずつ慣れて、少しずつ強くなるよ。だってお外で遊ぶのは楽しいもん!

ほめる育児を考える

泥だんごをほめるか、作った子をほめるか

赤ちゃんより少し大きな子のことになりますが、最近、言葉ではほめているけれど、子どもといっしょに遊んでいない、そもそも遊び方がわからないお母さんが多いように感じます。子どもが遊んでいるようすを見て「うまいわね～」「よくできたわね」「すばらしい！」と言うだけ。本当にこの子がかわいいの？　と思ってしまうことも少なくありません。

たぶん、基本的に大切なのは「理解」。いっしょにやってみることなのかなと思います。「うまいわねえ～」「上手にできたわね」と言うだけではなく、いっしょにやってみてじゃましたり意地悪したりしながら何かを作って、お互いにできたね！　と共有しあい、そのなかでよかったね、楽しかったね、というのが、本当のほめ方だと思うんです。

「泥だんごをほめるか、泥だんごを作った本人をほめるか」と言われることがありますが、今のお母さんは、たいてい泥だんごはほめません。「あなたはえらいね、いいだんごを作ったね」としか言わないんです。「いい子だね、器用だね、頑張ったよね」と言っても、泥だんごを見ないのですから、どこをどう頑張ったかはわかりません。だから、すぐに会話は止まってしまいます。「この泥だんごすばらしいね！　どうやって作ったの？」と言ったら、子どもは大喜び。いくらでも世界が広がっていくでしょう。

本当にほめられるべきものをちゃんと見て、そこをほめること。それが実は、その子自身をほめることにつながっていくのです。

「ほめる」も「怒る」も大切なのは「過程」

そう考えてみると実は、「怒る」も「ほめる」と同じこと。過程をきちんと見て、大事に評価をしてあげないといけないんですね。

かんだりたたいたりわめいたりするような問題行動をしているとき、今のお母さんは「かんじゃダメ」「たたいちゃダメ」と、行動だけを怒る場合が多いのですが、子どもは必ず、「何かを伝えたい」からやっているんです。かみたくてかむ子も、たたきたいからたたく子もほとんどいませんし、それがいいと思っている子もいません。子どもは、怒られることも悪いということもわかっていますから、「かまれたら痛いでしょ」なんて怒り方をしても、実は何の意味もないんです。それよりもその子は、どうしてかんだのか、どうしてたたいたのか、どうしてそういうことをしたのか、という理由を聞いてほしい、あるいは察してほしいんだと思います。「かんじゃダメ」とか「かむあなたが悪いでしょ」ということになると、それに至る過程も関係なく、すべてを否定してしまうことになります。子どもにしてみれば、まったくピントがずれているんですね。

問題行動を何回も繰り返すのなら、この子はどんなときにこういうことをするのか、1ヵ月も見ていればわかるはずです。それがわかれば、機先を制することも、先回りしてそれを助けることもできます。問題が起こってから、そこだけを見て怒ることがよくないんです。

ほめるにしても同じです。その間のつながりや流れが大切で、本来はそうした理解があるはず。それがなければ、言葉だけでほめられてもちっともうれしくないと思いますよ。

ほめることは認めること

ほめる方法として、「逆模倣」というのがあります。たとえば、保育園などでマラカスを子どもたちが2個ずつ持ち、まん中にいる1人が音楽に合わせて、自分の思うような動作をするのをまわりがまねする、という遊びがあるのですが、あるときたまたま広汎性発達障害(PDD)の子がまん中に入ったんです。ＰＤＤの子は、みんなとは違う動きをするので、まわりの子どもたちも大喜び。本人もノリノリで、お互いに大満足でした。

みんなでその子のまねをして、楽しいね！　となれば、その子を認めることになります。みんなのなかでその子を特別扱いしてあげるのもひとつのほめ方です。きみのことをみんなが見ているよ、知っているよ、と伝えてもらうことのほうが、実はうれしいんです。ほめることは認めることなんですね。

また、「いい子だね」「すばらしいね」という言葉だけでは、達成感は生まれません。ちょっと頑張ったらできるような課題を与えて、自分も努力してやりとげた、という思いがあれば、それが自信につながっていきます。やった！　という気にさせることが大切で、逆に言うと、本人がそう感じているときには、言葉でほめる必要はないと思います。

みんな、言葉につかまっている「言葉つかまり病」。口に出さないとわからなくなっているんですね。言葉だけでほめるというのは、ある意味子どもをバカにしていると、僕は思います。ほめ方のバリエーションが少ないのは、いっしょに遊んでいないから。「ほめる育児」という前に、まずはいっしょに遊んでくださいね。

そもそも〝ほめる〟って上から目線。いっしょに感動したいだけなのに…。

利き手の不思議

あなたは右利き？ 左利き？

「利き手」は、非常に大きな問題です。歩くときに、足と手は逆に動きますね。利き手がなかったらどうなるでしょう。両足がいっしょに出てしまい、歩くことができません。普段はあまり意識していませんが、実は、利き手がないと歩けないんですね。

昔は、左利きの場合は矯正したほうがいいと言われることが少なくありませんでした。最近はだんだん減ってきてはいますが、今でもときどき聞かれますね。

左手を使うのを無理にやめさせなくても、赤ちゃんはほうっておいてもたいてい、右手が使えるようになります。「両利き」という人がたまにいますが、そのほとんどは、左利きの人が両利きになっ

たパターンです。生活環境がすべて右利き用にできているので、訓練されて右を使うようになる。右手に順応性がついてくるんですね。

ですから、赤ちゃんに対しても同じです。世の中は右利き用にできていますから、赤ちゃんだって自然に両手利きになるんですね。ですから、左利きをなおせ、というのはあまり意味がありませんし、僕は基本的には、矯正すべきではないと思います。

環境が利き手を決める?

うちの息子たちがふたごで、2人とも左利きでした。ふたごは統計的に左利きが多いんです。なぜだろうと思って研究してみました。

子どもたちを気をつけて見ていると、妻の右側と左側に寝ていて、それぞれ位置が決まっていたんです。場所を入れかえると怒るんですよ(笑)。また、よく見ると、向いているほうの頭がへこんでいました。

そのころ、ちょうど京都大学医学部附属病院未熟児センター(当時)の室長をしていたのですが、未熟児の頭が非常にいびつだったんですね。なぜこんなにいびつなのかと不思議に思っていました。未熟児は特に首の力が弱いので、なかなか左右に動かせないんです。

その後、未熟児センターにいた子どもたちが3歳になったときにくらべてみたら、ほとんど右利きだったんです。なぜだと思いますか？

未熟児はだいたい1ヵ月以上、保育器を利用します。保育器は構造上、空気の流れが決まっています。頭のほうから足のほうに向けて、きれいな新しい空気が一定の方向に流れているんですね。そのため、頭と足の位置は決まります。それから、心拍数や心電図などを測るいくつかの計器が、保育器の前にそろっています。

もうおわかりですね。計器と赤ちゃんの顔を見る必要がある看護師さんが、赤ちゃんを右に向かせるんです。だから、いつも右を向いているわけですね。それで、頭がいびつになっていた理由も説明がつきます。また、そうなると、向いている方向によって利き手が変わる場合もある、ということになりますね。

少なくとも、環境的な因子によって利き手を変えられるというのは、特に生まれてくる前だったら考えられると思います。論文を調べてみると、いわゆる第一後頭位とか第二後頭位とか、生まれるときに右を向いているとか左を向いているとか、そういうことが利き手に関係するという説もあります。要するに、おなかの中でもそうだったのだろうということです。

左利きなどには遺伝的要因があると考えられますから、おなかの中でも左を向いていた可能性はあります。おなかの中から利き手が決まっている、ということはありえますし、脳の構造その

ものも左右では違いますので、生まれたときの向き癖、左を向くか右を向くかで、ある程度、利き手は予測できます。

が、もしも、おなかの中で頭の向きを変えることができれば、利き手は変わるかもしれません。もちろん、そんなことは不可能ですが、予定日の前に生まれた未熟児は、まだおなかの中にいるのと同じはずと考えると、ひょっとしたら、それが可能になることもあるかもしれません。

みんなどこかで「曲がって」います

子どもは、3歳くらいになったらまっすぐ歩けるようになりますが、1〜2歳くらいまでのころに、線の上をまっすぐ歩ける子は、ほとんどいません。

まっすぐ歩けるようにするために必死になったりする必要はないんです。むしろ、まっすぐ歩けることがいいこと、という発想がもう、変なんだと思います。左右対称の顔の人はほとんどいません。どんなに美人でも美男子でも、みんな、どこかで曲がっています。

ですから、左と右にバランスがとれた子なんていません。そんなことを求めないでくださいね。バランスがとれないからこそ、人間は発達するんですから。

曲がり続ければモトにもどる？「曲がりっぱなし」の先生がゆうてます〜！

赤ちゃんの心をつかむ方法

くれるの？ くれないの？

9ヵ月くらいになってくると、赤ちゃんはそろそろ人の気持ちを読むようになります。視線や指さしなどを利用して、赤ちゃんがお母さんの向いたほうをいっしょに見るといった「共同注意」「共同注視」が始まり、自分が見られていることもわかってきます。

そのころには、たとえば、赤ちゃんにおもちゃを見せて、赤ちゃんが取ろうとしたときにぱっと隠すとこちらの顔を見る、というような行動も見られるようになります。

1回か2回は取りにいくことに夢中で、すぐにはこちらの顔は見ません。隠された先に何があるかわかっているんですね。なくなったものは絶対にあると思って、取りにきます。

それでも隠しつづけて、それを3回くらい繰り返すと、こちらの顔を見ます。これはかなり高頻度に、6~7ヵ月くらいから見られます。「くれるのかくれないのか、どっちやねん！」みたいな感じでしょうか(笑)。

これは実は、一種の矛盾課題。「どうぞ」と言いつつ渡さないいんですから、それはとまどいますよね。とまどった末にこちらの顔を見る。それでもあげないでいるのを2回くらい続けると、もう手を出さなくなります。「あ、この人はくれないんや~」と、あきらめるんです。僕はいつも外来でやっていますから、確かです。

最後、5回目くらいで取らせてあげます。そうしないともう、遊んでもらえませんから。取れると、ものすごくうれしそうな顔をして喜びますよ。「やったぜ！」という感じで。

「そんな遊びをすると、意地悪な子になってしまうのでは？」とか「トラウマになってしまったらどうするの！」などと言われたこともありますが、そんなことでトラウマになるわけはありません。僕は、その発想そのものが、遊びを阻害していると思います。

コツは「笑うまでやめない」こと！

白衣を着て聴診器を持った人がいる部屋に、赤ちゃんとお母さんが入っていくという実験があります。赤ちゃんはどうするか、いつごろから泣くのか？　を見るのですが、泣くまでに5秒くらいかかるという結果が出たんです。

その5秒のあいだに、鼻をつまんだり肩をたたいたりすると、こちらのペースになります。赤ちゃんも繰り返されれば「またやられるな」と思いますし、その予想があたると、「あ、やっぱり!」ということで、たいてい笑います。そうなるともう、完全に心は通じています。

赤ちゃんをこちらにひきつけようと思ったら、同じことを間をおかずに5回くらい繰り返すことです。それで赤ちゃんの心をつかめます。コミュニケーションのコツですね。

僕は外来でいきなり赤ちゃんの鼻をつまんだりしますが、4回目くらいになると間違いなく喜びます。最初につままれた瞬間はぽかんとしていますが、それでも繰り返すと、どんな赤ちゃんでも喜びます。絶対泣かないですよ。もちろん鼻血が出ない程度につまむのですが。あたりまえですね(笑)。

これは実は、自閉症の子どもたちと握手をした経験から会得した方法なんです。自閉症の子は同じことを繰り返すことに安心感をもつので、5回くらい握手をすると、向こうから手を出すようになるんですね。それをちょっと赤ちゃんに応用してみたというわけです。

それからもうひとつ、大切なコツは「笑うまでやる!」。笑うまで繰り返すとつかめます。お互いに気持ちを読んでいるからこそ、おもしろい遊びではないかと思います。

ものを使って心をつなぐ

ひもの先にわっかや何かをつけて、赤ちゃんの目の前でひもを揺らす、その名も「赤ちゃん釣り」という遊びがあります。そのまんまですね!(笑) 僕がよく使うのは聴診器ですが、下につけるものは何でもいいので、すぐにできると思いますよ。

おもしろいことに、6~7ヵ月だと下についているものを取らず、そのまま目線の先のひもを取りますが、8~9ヵ月だと、下についているものを取るんです。下のものを取り、今度は上を見ます。ひもを持っている人を見て、ひもがつながっていることがわかって、引っぱり合って同調する。これで「つながった」ことがわかります。つながっていることがわかるから、揺すったときにいっしょにけらけら笑う。それが同調した笑いになるんですね。

ものが共有できるということはある意味「心がつながった」状態。こちらが少し力を入れるとぱっと離したり、こちらがゆっくり離すと離さなかったり。赤ちゃんもこちらの意図を探っているんです。引っぱりぐあいがわかってくるようになると、よりつながっている感じが強くなることでしょう。

やりとりやかけひきの楽しさ、それがコミュニケーションってやつね!

本はなくとも子は育つ！

お母さんを笑わせろ！

全国各地で講演をしています。そのなかでお母さん方にいちばん喜ばれたのは「親はなくとも子は育つ」という言葉でした。「お母さんは頑張らなくていいんだよ、手抜き手抜き！」と言って、何人かのお母さんに「気が楽になった」と涙されました。本当に喜んでくれる人が多く、僕の講演はどうやら、気が楽になることしか言っていないようです。

月に2回ほど、同じ小児科医であるかみさんの医院で、僕が診察をしています。診察室に入ってくる子どもは「あれ？　いつもとちがうぞ」と、不思議そうな顔をします。泣きはしませんが、ほとんどの子の顔が一瞬止まります。

そこからが僕のチャンス！「おっちゃんでごめんね〜」とか「男になっちゃった！」とか言うと、子どもはキョトンとしていますが、お母さんはたいてい喜びます。お母さんが喜ぶと赤ちゃ

んの態度もほぐれてくるので、すかさず鼻をつまみます。初めはぽかんとしていますが、3回くらいやると笑います。

お母さんには笑いを取らないといけないんです。冗談のように聞こえるかもしれませんが、それは実は、非常に大事なこと。早いうちにイニシアティブをとると、たいていのお母さんはこちらのペースに引っぱりこむことができますし、何よりも、お母さんが笑えば、間違いなく、赤ちゃんは泣きません。こんな重要なことはほかにないでしょう?

育児書を読む前に赤ちゃんを見よう!

今のお母さんはなんだか、構えているように感じます。昔のお母さんは、赤ちゃんに泣かれても比較的平静でいられましたし、単純な遊び方なども本能的にわかっていたような気がしますが、今のお母さんは自然な発想が苦手というか、見方も下手なんですね。

赤ちゃんが泣いても、「泣きやます方法」などのハウツー本がなければどうしたらいいのかわからない。手遊びも、マニュアルどおりにしかできない。そんななかで「いいやん、泣きたいだけ泣かせたら」と言うと、お母さんたちは非常にほっとするようです。

「育児」というと、大人は「赤ちゃんに何かを与えてあげなければならない」という発想が強くなります。でも実は、自ら動いて情報を得ようとしているのは赤ちゃん自身。育児の主導権は、実際には子どもにあると考えたほうがよさそうです。そういうことなら、お父さんお母さんは本などを読む前に、目の前の自分の子を見て考えるほうが、はるかにいいのではないでしょうか？

かわいいなら、自然に素直に向き合って

30数年間、小児科医をやってきました。自分なりに子どもとの接し方を子どもから学び、「泣かれない医者」になりました。そのくらいの自負はあります。

僕が医者になったとき、親分である北條博厚先生（元静岡県立こども病院長）に、「診察室から出るときには、お母さんも赤ちゃんも笑顔にしなきゃいけない。泣いたままで帰すな」と言われました。「小児科の医者は笑わせなきゃ。それは大事なことだよ」と。

当時、先生が診ていたのは、障害をもったお子さんとそのお母さん。ですから、ほとんどのお母さんが、つらい気持ちを訴えにこられます。親分はそれを目を閉じながら聞いていて、お母さんの話が終わるとさりげなく目を開けて適当に話をし、お母さんを笑わせて帰すんです。

北條先生は、お母さんたちの気持ちをつかむのが本当に上手でした。僕は非常に尊敬しています。でも、小児科とは本来、そういうものだったのではないでしょうか？

僕はこんな怖い顔なので（笑）、最初は子どもにずいぶん泣かれました。この顔でどうやって笑ってもらえるか、けっこう考えました。そしてだんだんと、自分がイニシアティブをとれば、子

どもを引っぱることができるとわかってきたんです。考えてみたら、相手はたかだか子ども。大人のほうがよっぽど難しいですよ。

ときどきお母さん方に「本当にこの子がかわいいの?」と聞きたくなることがあります。かわいければ自然に手が出るでしょう? そのとき何か考えますか? 僕はかわいいと思ったら、顔をなでたり鼻をつまんだりして、子どもとつながろうとします。何も考えたりしません。でもそういうことは、本には書いてないんです。

お母さんお父さんたちは、赤ちゃんにいろいろと働きかけたりするより、考えすぎずに素直に接してほしいですね。その親子にしかわからないこともあるでしょうから、本を読むよりも、やっぱり自分の目でしっかり子どもを見て。できれば本は小西先生の本だけにして(笑)、ほかは読まなくていいから!

「育児をしなくちゃ!」と肩ひじ張らず、子どもと向き合えたらいいですね。

マニュアルよりも、こっちを見てて! ほら、どんどん変わっていくからね!

はじまりは赤ちゃんから 〜豆キチの場合〜③
生まれて毎日毎日
タテ授乳と
ぐい ぐい
うつぶせトレーニングの
おかげなのか
わかりませんが…
乳
2ヵ月で
ピタッ
首がすわった(汗)
外出もするように
なって抱っこひもで
出歩くように
わーい
わーい
外だー!!
ころぶよ!!
しかし…抱っこひもの
豆キチから
ものすごく
不満そうな
カオを
された(笑)
こわっ!!
豆キチ…
母のカオじゃなくて
外がみたいの?
前抱っこにしたら
すごい
ゴキゲン!!
あー
あー
ちょっと!!
赤ちゃん
前むいてる!!
すれちがう
人にすごい
見られる(笑)

赤ちゃんってまるで小さい王様…
オレが前っていったら前なの!!
両親は召使いだ
ははー…っ
そして豆キチは赤ちゃんのときから
超完ペキ主義者
5〜6ヵ月のころだったか…
このころからおもちゃで遊んでいると
木のなげわ
なげわが入らない↓
プル
プル
プル
あ゛ーーーん
あ゛ーーん
あ゛あ゛ーん
できねーじゃねーかよぉ〜!!
なんでオレできないんだよーっ
怒りでプルプルふるえてる…
豆キチの辞書に"赤ちゃんだからできない"という言葉はなかった

寝返りのときは…
おっ
できた!!
コロン
コロン
ばぁば!!
じいじ!!
寝返り
見せに来たよ!!
ピンポーン
あれ?
うごかない
わくわく
まぐれ
だったんじゃ
ないの?
しーーん
ワタシは
地蔵さま
ウチではしたのに
しかし自宅では…
ゴロン
ゴロン
1週間後に
やっと
ばばとじじに
見せたのでした
キャーーッ
豆キチ…
もしや
ちゃんと
寝返り
できるまで
人に見せ
なかったのか?
プハー
あー
つかれたっ

ハイハイのときも同じで…
プル プル
保育士さんによく
今日!! 豆キチくん クラスのすみっこで こっそりハイハイの 練習してたんですよ!!
え?
そして 上手になってから 人に見せる
てけ てけ
続いて 歩きはじめる ときも…
今日まだ 練習中 みたいで… あそこに います…
まだ納得の 仕上がりじゃ ないんですね
こそ こそ
そして あたかも 最初から 上手なんだよ ってカオで 人に見せる
ドス ドス
こんな 赤ちゃん時代も この本を 読んでみて いろいろと 納得しました
赤ちゃんって 忙しい!!
なに よんでるの～
日本の お母さん ちょい待ち 育児で 楽しく 子育てしましょ!!
次の予定は 未定ですが…

おわりに

今、育児は「誰にでもできること」のようにいわれることがあります。そのせいか、育児支援といっても赤ちゃんのための支援ではなく、そのほとんどがお母さんのための育児支援になっているように感じます。

赤ちゃんのための育児支援がないということは、赤ちゃんについて、みんなが考えなくなってきているのではないかと思うんです。もっと赤ちゃんそのものを見てほしい、考えてほしい――。この本を書いた理由は、そのあたりにもありました。

*

育児が不安だといって悩んでいるお母さんたちに話を聞くと、

本当に一生懸命、これ以上ないほどに頑張っているんですよね。もうちょっとラクしてもいいよね、手抜きしてもいいよね、ということも伝えたかったんです。

近ごろはお母さん方に「子離れしなさい」という場面もふえてきました。ものすごく熱心に育児をするのはいいのですが、それが高じてしまい、子どもにとってはちょっと迷惑かもしれないなと感じることもあります。とはいえ、それはお母さんたちが悪いのではありません。元をただせば、赤ちゃんのことがわかっていないのは、赤ちゃんについての正しい情報が圧倒的に少ないからなんです。

たとえば赤ちゃんが「指しゃぶり」をしていると、「ストレスがあるんじゃないか」「おなかがすいているサインじゃないか」などと言われます。もしかしたら、それで責められているお母さんもいるかもしれません。でも、今進められている研究では、すでに生まれる前に、おなかの中で指しゃぶりをしていることが映像でわかっているんです。おなかの中でおなかがすきますか？　先の理由は実は、すでにくつがえされているんです。ではなぜ、指しゃぶりをするのか…。それは、この本を読んでくださった方なら、もうおわかりですね。

目の前の赤ちゃんを理解するための正しい材料や情報を、お母さんたちにもってほしいなと思います。

＊

この本は月刊『赤ちゃんとママ』(赤ちゃんとママ社発行)２０１１年５月号〜２０１３年４月号に連載された「小西先生の赤ちゃん科学研究室」をまとめたものです。連載は、２ヵ月に一度ほどの頻度で、ライターへの語りおろしの形で進められました。

わりとゆったりした時間のなかで、取材というよりはよもやま話をしに行くという感じだったかもしれません。ときには予定していたテーマとは全然違う話になることもありましたが、何をしゃべろうかな、と毎回楽しみにしていました。

本を作る場合、自分で書き起こす方法ももちろんありますが、人に話をして、それを元に書いてもらうというのは、僕にとってはすごく大事なことだったと思っています。講演などでもそうですが、自分の話がどんなふうに人に伝わっていくのかというのは本当に心配ですし、いちばん不安な部分、わからないところなんです。研究者や専門家がバーッと、一方的に研究結果を出していって「さあ、私の言ったことがわかるか!?」というようにはしたくないという気持ちもありました。

さらに、今回は書籍のなかに初めて、科学的な話ばかりではなく、僕自身の子育てへの思いのようなものも入っています。その部分が正しいかどうかは別として(笑)、聞き手を通して、自分の考えや思いをまとめてもらうというのはすごく勉強になりました。ときには「ああ、あの話がこういうふうにまとまるんだ」と思うこともありましたが、本当にいい経験になりました。

講演は話をして終わりですが、本は残るものですし、お母さんたちも何度も読んだりしますので、きちんとしたことをかたよらないように伝えたい。そういう意味からは、一度ライターさんの耳を通して書いてもらい、横から文句を言われながら直したりして…。本作りとしてはいい態勢だったと思います。

自分のもっている材料をしゃべって、それをライターさんに料理してもらい、あとからスパイスをきかせてもらう…。この本はこういう共同作業を経て完成しました。作っていくプロセスが実は、とても大事だったのではないかと思います。

＊

最後に、いつも叱咤激励し、コントロールしてくれた赤ちゃん学研究センターの小野恭子さんに感謝します。小野さんの〝スパイス〟がなければ、おそらくこうはまとまりませんでした。

そして、『赤ちゃんとママ』誌の編集長でありながら、ライターとして僕の差し出す材料をてぎわよく料理してくれた西由香さん。気がつけば僕の気持ちの代弁のみならず、行間までをもすくい上げ、味のバランスを調えてくださったその腕に、深く感謝します。

赤ちゃんが結んでくれた縁です。赤ちゃんがその小さなからだに備えている大きな力に敬意をこめて、赤ちゃんに、ありがとう。すべては赤ちゃんから。『はじまりは赤ちゃんから』なんです。

2013年夏　　小西行郎

Profile

小西行郎（こにし・ゆくお）

1947年香川県生まれ。京都大学医学部卒業。小児科医。専門は小児神経学、発達行動学。東京女子医科大学乳児行動発達学講座教授等を経て、2008年に同志社大学赤ちゃん学研究センターを設立、センター長／教授。人のはじまりとしての赤ちゃんをまるごと考えようと、研究領域や職域を越えた“日本赤ちゃん学会”を2001年に創設し、赤ちゃん学の発展に努めた。2019年逝去。
主な著書に、『子どもはこう育つ！おなかの中から6歳まで』（赤ちゃんとママ社）、『赤ちゃんと脳科学』（集英社新書）ほか多数。

はじまりは赤ちゃんから ～「ちょい待ち育児」のススメ

2013年 9 月18日　初版第1刷発行
2022年11月30日　初版第2刷発行

著者	小西行郎
発行者	小山朝史
発行所	株式会社 赤ちゃんとママ社 〒160-0003 東京都新宿区四谷本塩町14番1号
TEL	03-5367-6592（販売）　03-5367-6595（編集）
URL	http://www.akamama.co.jp
振替	00160-8-43882
赤ちゃんのコメント	小野恭子
カバー・本文イラスト	アベナオミ
デザイン	浅田潤（asada design room）
校正	河野久美子
編集	西由香
印刷所・製本	共同印刷株式会社

ISBN978-4-87014-088-2